第二次青藏高原综合考察研究（2019QZKK0608）
国家自然科学基金重点项目（42230106）

区域发展质量评价
及驱动力分析

宋长青　王翔宇　高培超　著

商务印书馆
创于1897　The Commercial Press

图书在版编目（CIP）数据

区域发展质量评价及驱动力分析/宋长青，王翔宇，高培超著. 一北京：商务印书馆，2023
ISBN 978-7-100-22016-3

Ⅰ. ①区⋯　Ⅱ. ①宋⋯②王⋯③高⋯　Ⅲ. ①区域经济发展—研究—中国　Ⅳ. ①F127

中国国家版本馆 CIP 数据核字〔2023〕第 033025 号

区域发展质量评价及驱动力分析

宋长青　王翔宇　高培超　著

商 务 印 书 馆 出 版
（北京王府井大街 36 号邮政编码 100710）
商 务 印 书 馆 发 行
北京中科印刷有限公司印刷
ISBN 978 - 7 - 100 - 22016 - 3
审图号：GS 京（2023）0698 号

2023 年 5 月第 1 版　　　开本 787×1092　1/16
2023 年 5 月北京第 1 次印刷　印张 13¼
定价：128.00 元

前　言

地理科学一直致力于服务国家建设，且与人类的生产生活密不可分。从国防科技到民生福祉，从月球探测到深海探索，从灾害评估到灾后重建，从"一带一路"的互联互通到粤港澳大湾区的建设，这些重大国家发展战略的科学研究与决策支持的背后都有着地理学者的身影。地理科学有着区域性、综合性、复杂性的特点，并以经世致用为特色。随着新时代、新技术的蓬勃发展，地理科学被赋予了新的生命力，也为更好地服务国家建设积攒了新的能力。

面向高质量的区域发展是国家长久以来关注的重要问题，也是当前社会发展的重要主题，而地理科学的综合研究在其中大有作为。高质量区域发展的本质是人地和谐发展，这正是地理学，尤其是人文地理学的核心研究对象。地理科学多关注陆地表层系统及其自然和人文要素的空间分布格局、时空变化过程以及驱动机制，并已成为系统的研究范式。相应地将该研究范式融入面向高质量的区域发展评价、分析及其决策支持中，可期具有较好的应用效果。

本书从人文地理学的角度对区域发展进行时空状态分析，评判了区域的高质量发展程度。本书以区域发展为核心问题，将高质量发展问题落实在区域上，结合全国、省域和县域尺度发展作为切入点，评价各区域的发展状况，分析其发展的差异性和空间格局。本书以典型的理论研究为基础，创新的数理方法为依托，将区域发展本底的新概念融入评价，并以地理逻辑贯穿始终。

此外，本书是团队在人地关系研究方面的阶段性成果，也是对复杂性的地理综合研究进行的尝试。2021 年诺贝尔物理学奖花落"复杂系统"，于是复杂系统研究被再次推向高潮。在本书作者 2018 年于《地理学报》上发表的《新时代地理复杂性的内涵》一文中，曾提出复杂性将是地理学的第三个特征，而复杂地理系统的研究将是地理学成功的新路径。本书作者所在的团队致力于研究地理学研究范式、地理区域综合研究方法等问题，也借助北京师范大学优秀的平台进行复杂地理系统的新方法研究，希望能够为中国地理学的发展尽一份绵薄之力。

在此，诚挚感谢中国科学院地理科学与资源研究所方创琳研究员和张文忠研究员，中山大学薛德升教授，华南师范大学刘云刚教授，东北师范大学王士君教授，北京师范大学潘峰华教授、朱华晟教授、黄大全教授、程昌秀教授、杨晓帆教授、叶思菁副教授和沈石讲师等专家的建议和意见。这些建议和意见对提高本书的质量具有重要的意义，在此一并感谢。另外，由于作者的水平有限，可能存在观点错误和表述问题，恳请广大读者批评指正！

高培超、王翔宇

2023 年 1 月 15 日

目　　录

第一章　绪论

区域发展是国内外学者关注的重要研究主题，而面向高质量的区域发展更是当前中国发展过程中极为迫切和重要的时代命题，是我国的重大战略需求。本章从国内外对区域发展主题的研判出发，详细介绍本书的研究背景，并对本书的研究意义、目标、内容、创新点和技术路线等方面进行阐述，为引出本书的研究工作进行铺垫。

第一节　区域发展与区域高质量发展

一、研究背景

（一）区域发展是当今时代发展的关键主题

工业革命以来，人类以前所未有的速度改造自然、征服自然，世界人口快速增长，社会经济得到长足发展。随着以石油、煤和天然气为主的化石燃料被大量开采利用，环境污染现象开始逐渐显现。1962 年，美国作家蕾切尔·卡森（Rachel Carson）创作的《寂静的春天》（*Silent Spring*）出版，书中描述了工业文明带来的灾难。该书的出版也标志着人类开始关注环境问题。1972 年，由美国德内拉·梅多斯（Donella Meadows）等人合著的《增长的极限》（*Limits to Growth*）一书的出版，以及在瑞典斯德哥尔摩召开的联合国人类环境会议，都标志着人们认识到人口、粮食、资源和环境污染等问题不再是一个国家、一个领域的问题，人们开始逐渐认可区域综合发展的理念。

可持续发展是区域发展的核心内容之一。1980 年 3 月，国际自然和自然资源保护联合会（International Union for Conservation of Nature and Natural Resources）受联合国

环境规划署的委托起草了《世界自然资源保护大纲》(*World Conservation Strategy*)，该文件首次提出"可持续发展"这一理念。1987 年 2 月，在东京召开了第八次世界环境与发展委员会，会上通过了《我们共同的未来》(*Our Common Future*)(World Commission on Environment and Development，1987)报告，并明确了可持续发展的定义。2000 年 9 月，在联合国千年首脑会议上，由 189 个国家签署的《联合国千年宣言》(*United Nations Millennium Declaration*)(United Nations，2000)，通过了旨在将全球贫困水平在 2015 年之前降低一半（以 1990 年的水平为标准）的行动计划——联合国千年发展目标（Millennium Development Goals，MDGs）。2015 年 9 月，联合国可持续发展峰会在纽约总部召开，193 个成员国正式通过了《变革我们的世界：2030 年可持续发展议程》(*Transforming Our World: The 2030 Agenda for Sustainable Development*，以下简称《2030 议程》)(United Nations，2015)，并确立了 17 项可持续发展目标(Sustainable Development Goals，SDGs)和 169 项具体目标（Schmidt-Traub *et al.*，2017），涵盖了社会、经济和环境三大主要议题，旨在消除全球贫困、为所有人创建有尊严的生活（人与人之间平等），且不让任何一个人掉队。SDGs 实现了对 MDGs 的（目标）扩面、（指标）扩容、（内容）遗漏补缺等的改进（Sachs，2012）。但是各国在实现可持续发展的目标上任重道远，例如在联合国出版的《2018 年可持续发展目标报告》(*The Sustainable Development Goals Report 2018*)(United Nations，2018)中指出，以当前的发展速度，并不能确保在 2030 年实现全部的 SDGs。

中国在积极落实可持续发展的同时，也不断因地制宜地提出适合中国发展的发展理念。改革开放以来，中国社会经济快速发展，人民生活水平显著提高。这些成就与党和国家的发展理念以及实施的政策密不可分。这些理念和政策包括生态文明（熊曦，2020）、绿色发展（Wu *et al.*，2020）、中国 SDGs 实践（孙新章，2016）、美丽中国（谢炳庚等，2016）和高质量发展（白谨豪等，2020）等。

（二）高质量发展是适应中国发展的最新研判

"十三五"时期为中国向区域高质量发展转变奠定了坚实的基础。"十三五"期间，中国社会经济稳定发展，取得了一个又一个举世瞩目的成就。这些成就得益于中国落实《2030 议程》了以及推行绿色发展等发展理念。例如，我国经济水平稳步提高，虽然受新冠肺炎疫情的影响，但中国经济依然实现了正增长，国内生产总值（gross domestic product，GDP）突破 100 万亿元，人均 GDP 突破 7 万元，经济实力迈向新台阶。与此同时，人民生活水平也得到极大改善。在 2021 年全国脱贫攻坚总结表彰大会上，习近平总书记庄严宣告：我国脱贫攻坚战取得了全面胜利！此外，国内生态环境也得到了较大改善。在 2020 年监测的 337 个地级及以上城市中，空气质量达标城市占 59.9%；在 1940 个国家地表水考核断面中，水质优良比例为 83.4%。

"十四五"时期，高质量发展将作为区域发展的核心目标。在新时代和新国情的背景下，高质量发展能够更好地指导中国社会经济健康发展。"十四五"时期的主要目标将是扎实推进高质量发展，为实现碳达峰、碳中和等目标奠定基础，重点推进乡村振兴战略、巩固脱贫攻坚成果，将是未来五年的重要任务。中国社会主义现代化建设即将进入新征程，不同区域应该关注不同的高质量发展问题，因地制宜，切实为人民谋发展、谋幸福，打造中国样板并为世界发展提供中国智慧、中国经验。

高质量发展理念的确定并不是一蹴而就的。中国一直奉行可持续发展、生态文明、绿色发展等理念，在取得一定的社会经济成果的同时，也在不断修正和改进指导思想。在 2017 年中国共产党第十九次全国代表大会上，习近平总书记指出了"中国经济由高速增长阶段转向高质量发展阶段"[①]。在 2019 年 9 月，习近平总书记主持召开了黄河流域生态保护和高质量发展座谈会，会议内容极大地体现了高质量发展在生态保护方面的要求。在 2020 年 11 月，习近平总书记在关于《中共中央关于制定国民经济和社会发展第十四个五年规划和二〇三五年远景目标的建议》的说明中指出："经济、社会、文化、生态等各领域都要体现高质量发展的要求"[②]。这也标志着对高质量发展的理解已经延伸到社会经济发展的方方面面中，开始需要以区域为载体实现高质量发展。

（三）推进高质量发展需要科学的评价和诊断

在 2017 年 12 月的中央经济工作会议上，习近平指出："推动高质量发展是当前和

[①] 共产党员网："决胜全面建成小康社会 夺取新时代中国特色社会主义伟大胜利——在中国共产党第十九次全国代表大会上的报告"，http://www.12371.cn/2017/10/27/ARTI1509103656574313.shtml，2017 年 10 月 27 日。

[②] 人民网："习近平：关于《中共中央关于制定国民经济和社会发展第十四个五年规划和二〇三五年远景目标的建议》的说明"，http://www.mofcom.gov.cn/article/zt_sjjwzqh/toutiao/202012/20201203021506.shtml，2020 年 12 月 4 日。

今后一个时期确定发展思路、制定经济政策、实施宏观调控的根本要求，必须加快形成推动高质量发展的指标体系、政策体系、标准体系……"①。由此可见，当前高质量发展评价亟需一套科学且权威的评价指标体系，用于评价各区域高质量发展状态，诊断高质量发展阶段。

科学评价和诊断区域高质量发展状态，对指导区域发展具有重要的实践意义。随着观测站网和统计体系趋于完善，以指标观测和指数表达为基础的"指标时代"的发展，为研究区域高质量发展提供了新思路。利用指标评价区域发展，主要有两种方法。第一种方法是将众多的指标变量利用某种方法整合成一个单一的、综合的指数。在评价区域发展水平的过程中，出现了众多被人们认可的指数，比如可持续发展指数（sustainable development index，Diaz-Sarachaga *et al.*，2018）、可持续社会指数（sustainable society index，Kaivo-Oja *et al.*，2013）、真实进步指数（genuine progress indicator，Lawn，2003）和人类发展指数（human development index，Neumayer，2001）等。此类综合指数都具有易于分析、便于理解、官方发布、可长期监测等特点（Wang *et al.*，2019）。第二种方法是测算特定指标变量的变化率。通过选定影响区域发展进程的主要指标，分析指标在时间序列上的变化趋势（Huang *et al.*，2016）、数值等级（Liu *et al.*，2019a）和变化速率（Zhou *et al.*，2015b）等过程。该类方法具有操作难度低、工作量小、代表性强等特点。

中国高质量发展评价研究还处于起步阶段，各方面研究尚需要进行更深入的讨论。在内涵研究方面，当前学术界对之理解并不统一。高质量发展系统是一个复杂的巨系统，学者对其不同的理解和认识，造成不同的诊断指标选取，最终导致不同评价结果的出现。不少学者已经对工业高质量发展（Hu *et al.*，2021）、高质量发展的生态系统承载力（Chen *et al.*，2021）和整体高质量发展（Jiang *et al.*，2021）等概念进行了解析，也有学者从空间协调（李小建等，2020）和发展路径（Pan *et al.*，2021）的角度探讨高质量发展的内涵，在高质量发展的本质或内涵异常丰富方面达成共识。也有学者从高质量发展内涵的一个角度进行解析，以实现更深层次的理解。其中，贺灿飞、李伟（2022）从演化经济地理学角度，探讨区域高质量发展在科技进步、产业更替方

---

① 共产党员网："中央经济工作会议举行 习近平、李克强作重要讲话"，http://news.12371.cn/2017/12/20/ARTI1513767487382671.shtml，2017 年 12 月 20 日。

面的内在要求和关键问题，并从产业和区域两方面对区域高质量发展进行解析。总之，全面、综合且合理地理解高质量发展内涵，并以此为基础选择合理的评价指标，在区域发展中能够起到"指挥棒"的作用。这不仅可以合理地规划发展方向，还可以摒弃唯 GDP 论，实现生活、生态等方面的协调发展。利用综合的指标体系科学地评价区域高质量发展的状态，诊断发展阶段，还需要系统的科学技术作为支撑，建立长时间的区域高质量发展状态评价和监督系统，实时监测区域发展过程中的问题和弊端，并提出针对性的措施，最终有效地推进区域高质量发展的进程。

二、研究意义

（一）理论意义

定性分析中国推行高质量发展的必要性，在充分解读党中央政策精神和前人对高质量发展内涵理解的基础上，将地理空间区域发展差异思想融入高质量发展理念中。通过梳理出"区域高质量发展"的内涵，帮助人们更好地理解该发展理念，并试图为今后的社会经济发展提供一定的理论指导。

（二）实践意义

对我国进行多尺度（国家、省域和县域尺度）、多时序的发展质量状况判别。通过精细化处理不同尺度下的评价指标体系，分析各区域向高质量发展的推进程度，使得评价结果更加合理、有效。此外，本书中创新性地应用了时间约束聚类方法，更科学且客观地划分区域高质量发展的时间阶段。

第二节 主要内容

一、研究目标

基于区域发展质量评价的国内外研究综述，以"面向高质量的区域发展质量评价"为目标，梳理区域高质量发展理念的内在逻辑和概念内涵；以区域高质量发展理念的多层结构内涵为基础，构建区域高质量发展评价的多层次指标体系框架；遵循数据可获取性等原则，以及自然本底的生态类指标处理思想，开发区域高质量发展评价指标体系，在多尺度下揭示区域高质量发展的时序特征；以多层指标指数为基础，结合长时间序列分段方法，对中国长时序的发展状况进行阶段划分，选取各阶段特殊的时间节点，进行区域空间特征变化分析；分析不同尺度下影响区域高质量发展的驱动因素。

二、研究内容

基于研究目标，展开以下研究：

（1）**"区域高质量发展"的内涵剖析。**依托前人对高质量发展的理解，引入地理学相关理论思想，结合国家今后发展的主要目标和任务，提出"区域高质量发展"的具体内涵。

（2）**多层次评价指标体系框架与多尺度区域高质量发展评价指标体系设计。**以区域高质量发展的内涵与逻辑结构为基础，搭建多层次的区域高质量发展评价指标体系框架。以该框架为基础，构建多尺度、多层次的区域高质量发展评价指标体系。本书构建的指标体系在生态环境维度中，引入自然本底的思想，构建全新的生态环境评价指标；在社会发展维度中，引入安全的内涵。最终，构建综合全面的指标体系，实现更科学化的区域高质量发展评价。

（3）**基于多维度发展水平的区域发展时间分段研究。**针对当前研究中区域发展质量状况的时间阶段划分主观性强的问题，本书以区域发展的多维度、多层次指数作为基础，利用时间约束聚类方法，根据实际数据的波动特征进行分段，科学地划分中国发展状况的时间阶段，总结不同阶段内区域高质量发展的特征和发展经验。

（4）**多尺度区域高质量发展的时空评价与驱动力分析。**在时间分析上，基于不同尺度下的区域发展评价指数，分析区域发展整体情况和在不同维度情况下的发展特征，讨论各区域发展的高质量水平程度。在空间分析上，基于区域发展阶段，分析不同阶段中特殊时间节点下的空间分布与变化特征，总结各区域在具体维度上的高质量发展水平。最后，分析不同尺度下阻碍区域推进高质量发展的因素，并分析其负向驱动作用。

本书的研究内容较为系统完善，但是仍然存在一定的不足，即没有进行全国范围内所有县域单元高质量发展状况的时空评价，然而这对本书核心内容的影响程度有限。本书的主要研究内容是剖析区域高质量发展的内涵，构建具有普适性的区域高质量发展评价指标体系，利用规范化的综合指数分析方法，在不同尺度上进行实践应用，最终得到科学可信的区域发展评价结果，即区域发展中对于高质量要求的实现结果，并基于结果进行驱动力分析。县域尺度是本书多尺度实证研究中的一部分，尽管没有进行全国县域的发展状况评价，但青藏高原范围内的县域也具有一定的代表性。由此本书也建议在统计资料编制中，应尽量实现全县域的统计覆盖，或者采用以相应的替代指标进行统计的策略，此外也应建立全国统一的人文、自然要素的大数据集成平台，以便专家学者进一步开展全国所有县域的发展状况分析工作。

在国家、省域和县域尺度面向区域高质量发展的时空变化及驱动力分析的工作基础上，可以进一步对未来区域发展状况进行一个系统的预测，为决策者制定区域规划决策提供结果支持，补充地级市尺度发展状况评价的缺漏。在未来的预测研究中，专家学者可以利用系统动力学模型（Tan *et al*.，2018）或 T21 模型（Qu *et al*.，2020），模拟不同尺度下区域高质量发展中不同指标要素在多情境（共享社会经济路径）（姜彤等，2020）下的变化情况，结合本书提出的区域高质量发展综合指数分析框架，分析未来的区域发展状况和外部指标的驱动程度，为"十四五"时期乃至 2035 年或 2050 年的中远期发展状况作预测。

三、创新点

对比针对区域发展质量诊断的相关研究，以及主要研究工作，总结了以下的创新点。

（1）**明晰"区域高质量发展"的内涵**。将区域发展的差异性问题融入高质量发展概念中，重新定义并阐述了"区域高质量发展"的内涵。其内涵主要包括七大内容，分别是经济质量、创新驱动、对外开放、社会文明、生态文明、民生福祉和安全保障。

（2）**构建一套更全面系统的"1+7+18+N"的多层次区域高质量发展评价指标体系框架，尤其是补充基于自然本底的生态评价，以及基于地缘安全的国家评价的指标。** 该套指标体系框架分为四个层次，为系统层、维度层、目标层和指标层，目的是用于面向高质量的区域发展状况评价。该套指标体系框架具有三个特点。第一，指标涵盖要素更全面，包含指标更加客观，将更符合当前"十四五"时期的目标和要求；第二，基于自然本底的思想，该指标体系增加了植被恢复潜力指标，可用于生态状况评价，解决了由"资源禀赋"原因（因地形、海拔、经纬度等自然原因造成的植被状况的差异），造成区域间生态环境状况不可比的问题（在已有的区域发展评价研究中常被忽视），也可以突出人为改善环境的效果；第三，考虑国际安全和大国博弈等问题，该指标体系中增加了安全保障维度中关于国家地缘安全方面的指标。

（3）**设计一套全新的多方法组合的区域发展质量诊断分析框架，尤其是完善了关于时间分段应用方法。**本书结合综合指数计算、时间阶段划分、空间分区和障碍分析四个方面，搭建出一套区域发展质量诊断分析框架，其中包含了综合指数判别、时空分析方法和后分析方法，具有综合全面的特点。本书在该框架中创新性地引入了时间约束聚类方法，该方法主要用于在时间序列上对区域发展进行时间阶段划分。当前针对区域发展进行时间阶段划分的方法主要为根据指数变化趋势分段和根据先验知识分段两种，均具有明显的缺点。前者用于样本量大的分析时，具有判断难度增大的缺点；后者则具有主观性的缺点。而本书引入的时间约束聚类方法，是基于长时间序列上多维指数数据本身的变化趋势，可以客观地反映区域发展的时间变化，进行更加有效、科学的阶段划分，能够有效地克服上述两种方法的缺点。

四、技术路线

研究的具体实施方案共有五步：第一步，综述以区域发展质量诊断为核心的国内外研究，梳理当前研究中的不足；第二步，明晰区域高质量发展的基本内涵；第三步，构建区域高质量发展评价指标体系框架；第四步，构建区域发展的综合指数分析方法框架；第五步，多尺度下的区域高质量发展整体和多维度的时空评价，以及驱动力分析（图 1–1）。

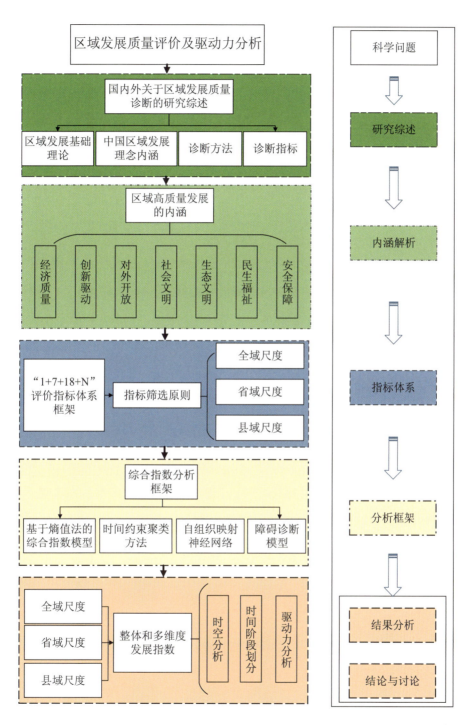

图 1–1 技术路线

第二章 国内外研究综述

由于高质量发展的本质是面向高质量的区域发展，因此，本书以与区域发展质量诊断相关的关键词进行国内外文献检索，遵循从宏观到微观的内容综述原则，从学科的基础理论、中国的发展理念内涵、具体评价方法和主流的诊断指标四方面进行详细综述，总结当前国内外学者对区域发展质量诊断的最新研究内容、研究方法的最新进展，以及当前应用的评价指标，归纳得出当前研究中的不足。

第一节 区域发展基础理论

区域发展的基础理论众多，本书从介绍地理学的研究对象、区域综合发展目标、区域差异性和区域经济发展的相关理论出发，详细综述四种区域发展基础理论，分别是人地关系地域系统理论、可持续发展理论、地域分异理论、增长极理论。

一、人地关系地域系统理论

人地关系地域系统是地理学的重要研究对象，在土地利用、资源环境承载力、主体功能区划等方面具有广泛的应用。人地关系地域系统是吴传钧院士于 1991 年提出的（吴传钧，1991），有时也被称为"人地耦合系统"或"人地系统"。对人地关系地域系统的主要理解已基本形成共识，即指在地球陆地表层上，以一定地域为基础的，由地理环境和人类活动两个子系统组成的具有相互作用、相互反馈的复杂开放的巨系统（吴传钧，1998；陆大道，2002）。其中，一些学者强调在该巨系统的名称中加上"耦合"一词，以突出连接人类系统与自然系统的模式、过程、相互影响和反馈，强调组织空间和时间上多维度的耦合性（Liu et al.，2022）。

关于人地关系的研究源远流长。从古代天人合一、天命论等的观点，到近代的地理环境决定论，再到现代的人地关系和谐共生，均是对人地关系的讨论。想要真正认识人地关系，需要深入分析人类系统和自然系统相互作用的过程、格局与机制，其本质是复杂的系统科学（Li et al.，2017b）。人类系统与自然系统之间的关系不是一成不变的（Messerli et al.，2000），自然系统是人类活动的载体，提供物质生活资料，而人类活动会反过来作用在自然系统中。例如，只关注生产而不关注生态，必定会造成环境危机，只关注生态而不关注人的生活，那是毫无意义的。此外，我国人口众多，资源紧缺，人地矛盾突出，以人地关系为核心的区域发展研究具有重要意义，其最终目的是对人地关系的结构、状态进行优化和调控。

二、可持续发展理论

可持续发展理论指导了国内外近几十年的区域发展建设，是重要的区域发展理论之一。尽管当今专家学者对可持续发展的概念还没有一个统一的定义，但是普遍被专家学者们接受和认可的是布伦特兰委员会（Brundtland Commission）于 1987 年出版的《我们共同的未来》中定义的，认为"可持续发展应该是既要满足当代人的需要，又不对后代人满足其需求的能力构成危害的发展"（World Commission on Environment and Development，1987）。该定义自提出以来，又得到了不同程度的丰富和解读。在最新的研究中，最为国内外学者所认可和接受的内容之一是可持续社会基金会（Sustainable Society Foundation）对"可持续社会"的定义。可持续社会基金会主要有三个要点。①满足当代人的需求；②不能损害后代满足他们需求的能力；③每一个人都有机会在自由中发展自己，在一个平衡的社会中与周围环境和谐相处（Van de Kerk and Manuel，2012）。

布伦特兰委员会对可持续的定义强调了几代人在需求方面的协调关系，是一种最基础的协调关系，并满足人们最基本的生活需求即可。而可持续社会基金会在深刻把握这一定义内涵的基础上，在社会生活、环境保护层面加以扩展，并进行定性的综合描述，展示了一幅经济繁荣、环境适宜和社会平衡的生活画面（Van de Kerk and Manuel，2008）。人类发展需要不断地从生态系统中获取各种服务，真正的"强"可持续性是以环境发展为基础，实现社会和经济的综合发展，并提高人类的生活质量。所以，在此基础上构建的"可持续社会指数"被众多学者认为能够综合地评价区域的可持续发展（Schlossarek *et al*.，2019；Smith *et al*.，2013）。

三、地域分异理论

地域分异理论可用于研究不同区域的差异，以及要素的变化规律（刘志强等，2017）。地域分异曾被胡兆量等学者称为地理学三大基本规律之一（胡兆量，1991），最早在自然地理学领域有较深入的应用，例如全球范围内气候、地形、植被等方面的地理分区。如今地域分异理论在社会科学或认识社会发展过程中也有应用，如进行国土空间规划、土地利用规划、农业产业区位分异分析等。美国地理学家沃尔多·R.托布勒（Waldo R. Tobler）于 1970 年提出的地理学第一定律（Tobler，1970）也是与地域分异规律相关，其主要观点是任何事物都与其他事物相联系，但相临近的事物比相距较远的事物联系更为紧密（Tobler，2004）。郑度（1998）院士曾指出区域可持续发展研究应该包含地理学的区域性分异特征。

四、增长极理论

增长极理论是城市地理学或经济地理学中用于研究区域发展的重要理论之一，由法国经济学家弗朗索瓦·佩鲁（François Perroux）于 1950 年提出。该理论提出后引起了经济学家和地理学家的广泛关注。佩鲁将经济空间看作一个受力场（a field of forces），其中存在若干个类似于"磁极"的中心或极点，围绕该中心会出现离心力（centrifugal forces）和向心力（centripetal forces），两种受力交汇成一定的范围（Perroux，1950）。基于"受力场"的阐释，增长极理论的主要内容可以理解为：在地理空间中，在经济发展初期，经济增长并不能实现全区域的均衡增长，由于地区的不同区位条件，将先出现一个或多个经济增长点或经济高点，基于此并借由不同的方式向外传导，最终辐射周边区域，实现协同发展（王缉慈，1989）。在区域发展中，增长极可以是一个区域的主导产业，也可以是一个城市。增长极理论以非均衡发展理论为基础（李小建、苗长虹，1993），系统地阐述区域发展过程中的一般规律，具有简单明了、易于理解的优点。增长极理论是重要的区域经济发展理论，由此延伸出了产业集群（魏守华等，2002）、点—轴系统理论（孙东琪等，2016）等概念，适用于指导中国的国土空间规划、城市群建设等方面。此外，邓小平同志"先富带共富"的经济思想，也是增长极理论的一种体现。

区域发展在增长极的影响下，会产生两种效应，即极化效应和扩散效应（Parr，1999a、1999b）。极化效应是指区域内的各种生产要素，例如资本、资源、人才等，以增长极为中心聚集或回流。但过度的极化会造成周边区域发展受阻，产生一种负向影响。扩散效应是一种正向影响，是指区域内的各种生产要素通过增长极向外扩散，带动周边区域的经济发展。在某一区域的经济发展初期，以增长极的极化效应为主，随后扩散效应增强，其发展过程可能需要政府的合理干预和引导。现实中较典型的发展案例是京津冀城市群，以北京和天津为增长极的极化效应过强，导致出现了"环京津贫困带"（徐磊等，2021）的发展问题。

第二节　中国区域发展理念内涵研究

本书尝试对国内外学者关于中国区域发展理念内涵的相关研究工作进行系统综述。首先，本书以时间顺序梳理了中国区域发展中的相关理念（图 2–1），并将其内涵理解归纳为三类，即以经济发展为核心、以生态保护为核心和以综合发展为核心。其次，选取三类内涵中典型的发展理念进行说明。

一、以经济发展为核心的发展理念及相关研究

改革开放之初，中国综合国力低下，当时区域发展研究以快速提高经济生产为主题。在 1981 年中国共产党十一届六中全会通过的《关于建国以来党的若干历史问题的决议》中指出："在社会主义改造基本完成以后，我国所要解决的主要矛盾，是人民日益增长的物质文化需要同落后的社会生产之间的矛盾。"[①]这一主要矛盾决定了中国当时的主要任务是集中一切力量发展社会生产力，提高综合国力，增加居民收入。

---

① 共产党员网："关于建国以来党的若干历史问题的决议"，https://www.12371.cn/2021/11/09/ARTI1636454249781129.shtml，2021 年 11 月 9 日。

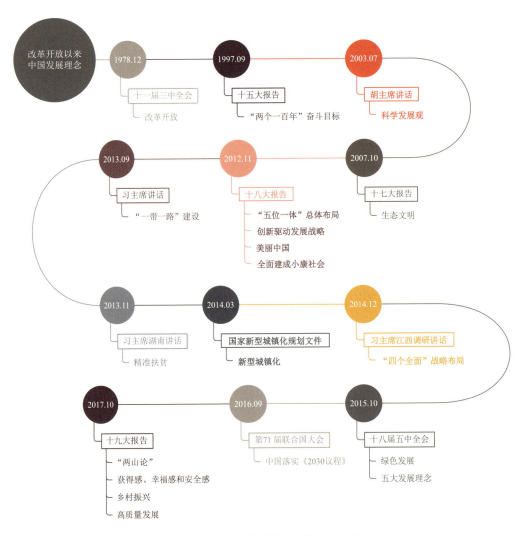

图 2-1 中国区域发展理念的演变历史

在此背景下，国内外学者对区域发展的关注主要放在改革开放、城市化建设和区域均衡发展三方面，注重对经济体量的衡量。改革开放方面，在市场经济发展不景气、徘徊不前的情况下，邓小平同志提出的改革开放政策为区域发展带来了曙光。改革开放倡导将生产资料"引进来"和"走出去"，强调实践是检验真理的唯一标准，也代表着中国发展将经济建设作为今后发展的核心目标。城市化建设方面，城市化与经济发展有着密切的联系。城市化是区域发展的主要动力和重要引擎，城市的健康发展直接关系到区域的整体经济水平。城市化的本质是工业化的发展。区域均衡发展方面，区域均衡发展理念主要关注城乡差异和区域差异问题。在改革开放初期,中国的主要战略是东部优先发展及对外开发,随后提出了西部大开发与区域发展总体战略。随着工业化和城市化的快速发展,城乡间和区域间的发展差异也在逐渐变大,国内外学者开始关注如何缩小差距,实现全面建成小康社会。

以经济发展为核心的区域发展研究,主要采用人均 GDP、城镇人口数或城市化率等指标来表示经济发展的理念内涵。在区域经济生产研究中,主要关注区域发展状态、区域经济发展的驱动力分析、经济发展重心转移等内容。评价指标主要涉及经济发展方面。在统筹城乡和区域发展的研究中,有学者从工业化、城镇化、信息化和农业现代化四个维度构建指标体系用于区域发展评价。

二、以生态保护为核心的发展理念及相关研究

2012 年 11 月,中国共产党第十八次全国代表大会召开之后,中国将生态保护作为区域发展的重要任务。党中央推行的主要发展理念有"美丽中国"(2012 年十八大报告提出)、"绿色发展"(2015 年十八届五中全会公报提出)等。从改革开放到党的十八大之间,中国偏重经济体量的发展,在一定程度上忽略了生态环境保护,造成了资源浪费、环境污染等问题,美丽中国和绿色发展理念的提出为之提供了解决办法(葛全胜等,2020)。这些发展理念的主要思想是生态保护、自然恢复,主要方式是节能减排、减污降碳,最终的目标是实现社会—经济—环境的协调发展。下面以美丽中国和绿色发展理念为例,对以生态保护为核心的发展理念内涵进行介绍。

(一)美丽中国理念

美丽中国理念自提出后便得到了广大学者的关注和研究,其内涵已经比较清晰。十八大报告中有"面对资源约束趋紧、环境污染严重、生态系统退化的严峻形势,必须树立尊重自然、顺应自然、保护自然的生态文明理念,把生态文明建设放在突出地位,融入经济建设、政治建设、文化建设、社会建设各方面和全过程,努力建设美丽中国,实现中华民族永续发展"[①]。基于此,学者从不同角度对美丽中国的内涵进行理

---

① 人民网,"胡锦涛同志在中国共产党第十八次全国代表大会上的报告",http://cpc.people.com.cn/n/2012/1118/c64094-19612151.html,2012 年 11 月 18 日。

解，主要分为两个方面。第一，从环境保护角度，主要强调山水林田湖草生命共同体（王金南等，2012），认为生态环境在区域发展过程中具有极其重要的地位。第二，从"五位一体"总体布局的角度，认为国家发展理念从传统的经济、政治、文化和社会四个方面，增加生态文明的内容（吴文盛，2019），扩展为五个方面，综合为一张图的美丽中国远景发展目标。美丽中国发展理念是对生态文明理念的延伸和补充（Antwi *et al.*，2021）。有学者认为美丽中国建设是以人地和谐共生论为理论基础，组成了生态、经济、社会、政治、文化和谐发展的"五维一体美丽论"，满足人民对生活和环境的美好需求（方创琳等，2019）。

目前，美丽中国理念评价指标体系研究已有了较清晰的探索性工作。以上两种对美丽中国理念内涵的解读角度，对应了两种构建指标体系的角度。第一，从环境保护的角度构建指标体系。2020年国家发展改革委印发了《美丽中国建设评估指标体系及实施方案》，提出从气、水、土、生、人五个要素出发，构建空气清新、水体洁净、土壤安全、生态良好和人居整洁①五个维度的指标体系，重点强调了生态环境各要素在社会发展中的重要性。第二，从"五位一体"总体布局角度构建指标体系。以经济、社会、生态、政治和文化为主题的"五位一体"理论框架，可以直接作为美丽中国发展评价指标的维度内容（高卿等，2019）。在进一步的完善过程中，有学者对"五位一体"的维度框架进行修改，例如增加了教育维度（胡宗义等，2014）、体制维度（Fang *et al.*，2020），或者将五个维度合并成环境绩效、人类发展和政治文化三个维度（谢炳庚、向云波，2017），或者以"三生空间"（生产、生活、生态空间）统筹框架构建（江东等，2021）。

（二）绿色发展理念

学者对于绿色发展理念内涵的理解已经较为统一，主要强调区域发展过程中通过科学技术和生产模式的改进，实现经济和生活上的节能减排。对绿色发展理念内涵的理解，最初来源于十八届五中全会中关于绿色发展的论述。"坚持绿色发展，必须坚持节约资源和保护环境的基本国策，坚持可持续发展，坚定走生产发展、生活富裕、生

---

① 中华人民共和国中央人民政府："国家发展改革委关于印发《美丽中国建设评估指标体系及实施方案》的通知"，http://www.gov.cn/zhengce/zhengceku/2020-03/07/content_5488275.htm，2020年2月28日。

态良好的文明发展道路，加快建设资源节约型、环境友好型社会，形成人与自然和谐发展现代化建设新格局，推进美丽中国建设，为全球生态安全做出新贡献。"[①]可见，绿色发展本质上是转变经济发展的驱动力和模式（穆学英等，2017），即由以工业文明为代表的"黑色发展"模式转变为以生态文明为代表的"绿色发展"模式。绿色发展理念也强调在理解区域环境容量和生态承载力的基础上，通过科学技术提高资源利用效率（钟水映、冯英杰，2017）。

在绿色发展理念的认识成熟后，其评价指标体系研究也相应成熟。2016 年 12 月，由国家发展改革委、国家统计局、环境保护部、中央组织部联合制定并印发的《绿色发展指标体系》，是当前阶段最为权威的评价区域绿色发展状况的指标体系。该指标体系从资源利用、环境治理、环境质量、生态保护、增长质量、绿色生活六个维度出发，选取了 55 个指标[②]，涵盖范围较为广泛，数据可获取性程度高。此外，郭付友等人（2020）将绿色发展水平理解为各要素的绿化程度，即经济绿化度、社会绿化度、环境绿化度和政府支持度。也有研究尝试基于系统内各要素之间的相互关系构建绿色发展评价指标体系。例如，通过理顺社会发展系统中绿色发展相关指标间的驱动力、压力、反映状态、影响关系和响应状态的关系（张旭等，2020），或者投出产出关系（刘杨等，2019；Feng et al.，2017），以此来构建对应维度的指标体系。与以经济发展为主题的区域发展理念评价指标体系相比，以生态保护为主题的区域发展理念评价指标体系主要增加了环境保护、污染情况等方面的数量指标，指标体系覆盖内容更加全面，评价要素更加综合。

三、以综合发展为核心的发展理念及相关研究

在 20 世纪 80 年代以来，可持续性理念被提出后，人们逐渐认识到单方面追求经济发展，终会造成环境污染、资源浪费和生态系统崩溃等问题。随之而来的是，可持续性科学得到了较大程度的发展（Bettencourt and Kaur，2011），相关的出版物和学术论文都出现爆炸式增长。随着专家学者对可持续性发展概念进行深入的讨论（Mitcham，

---

① 共产党员网："中国共产党第十八届中央委员会第五次全体会议公报"，https://news.12371.cn/2015/10/29/ARTI1446118588896178.shtml，2015 年 10 月 29 日。

② 除以上六个维度外，还有第七维度"公众满意程度"，包含一个指标。此为主观调查指标，并不参与总指数的计算，因此不在此强调。

1995），逐渐认识到社会、经济、环境三方面的协调发展是可持续发展的三大支柱（three pillars）（Purvis *et al.*，2018），或三重底线（triple bottom line）（Govindan *et al.*，2013）。随后专家学者围绕这三方面进行了详细的指标构建研究，其中有以 17 个 SDGs 为核心的联合国可持续发展评价指标体系（Gao *et al.*，2021），被学者和决策者公认为是最全面的评价体系。在针对社会、经济、环境三方面协调发展的研究中，也有其他用于分析区域可持续性的框架，例如社会—生态系统（social-ecological systems）（Ostrom，2009）、山水林田湖草生命共同体（叶艳妹等，2019）和区域一体化（陈雯等，2021）等。以可持续发展为基础，并结合国内的基本发展情况，出现了一系列的本土化发展策略，当前高质量发展是最主要的发展思想。

在 2017 年 10 月中国共产党第十九次全国代表大会召开之后，国家的区域发展主题逐渐向高质量发展转变。2020 年 10 月，在党的十九届五中全会上明确提出，"十四五"时期将以高质量发展为主题。此后与高质量发展相关的研究逐渐增加，是国内最新的区域发展评价研究热点问题，但其理论内涵研究和评价指标体系还没有权威和统一的认识。本书将从理念内涵和指标体系两方面进行区域高质量发展研究的综述。

对高质量发展理念内涵的总结，多是对政策文件内容的解读，缺乏对其理论基础和具体内涵的理解，有较大的改进空间。当前研究中对高质量发展内涵的理解主要有三方面。第一，以五大发展理念为理论依据理解高质量发展内涵。首次对高质量发展内涵的全面解释，是在《习近平谈治国理政》第三卷第九专题第二篇文章中，习近平总书记指出："高质量发展，就是能够很好满足人民日益增长的美好生活需要的发展，是体现新发展理念的发展，是创新成为第一动力、协调成为内生特点、绿色成为普遍形态、开放成为必由之路、共享成为根本目的的发展。"（习近平，2020）这是从实现途径的角度进行理解的，具有理论介绍和政策措施指引方面的双重效应（孙久文、蒋治，2021）。第二，以生态保护或环境承载力为重点的高质量发展内涵理解。有学者认为高质量发展是美丽中国或生态文明理念的结合，以实现环境—生态的保护，以及与人类活动的和谐发展。区别于五大发展理念，也有学者从人地相互关系角度（李小建等，2020）、生态保护与社会经济发展协调角度（徐辉等，2020）、空间均衡角度出发（白谨豪等，2020），强调人地互动与自然之间的相互反馈和区域的协调发展。第三，以经济发展为核心的高质量发展内涵理解。有学者认为高质量发展与绿色发展理念相呼应，倡导节能减排、绿色经济。此外，也有认为区域高质量发展的经济学本质是供给侧的发展（金碚，2018），需求方是人民对生活和生态的追求，供给方是创新引领的经济发展。

此外，高质量发展的评价指标体系框架多样且无序，亟须建立一套科学、综合的评价指标体系框架。区域高质量发展评价指标体系的设计，主要是结合学者自身对高质量发展理念的理解和把握。例如当前研究中，学者结合了习近平总书记关于高质量发展内涵的解读，从创新、协调、绿色、开放和共享五个维度进行构建（魏修建等，2020）。学者强调高质量发展应该以经济发展为核心，以有效性、稳定性、协调性、创新性、持续性和分享性六个维度（王伟、王成金，2020）为框架构建高质量发展评价指标体系。本书认为与其他主题的区域发展指标体系框架相比较，高质量发展评价指标体系框架应主要关注社会、经济、环境等方面，以表征质量或效率为主。

总之，从重发展到重环境，再到重视单方面短板的发展，最后重视综合全面的发展，关于发展的内容不断补全，且环环相扣。中国在改革开放初期，经济实力薄弱，人民渴望发展，所以最初的指导发展的理念都是注重经济发展，而没有意识到生态环境对人类发展的重要性。进入 21 世纪后，人民的生活条件得到较大改善，国家经济实力得到较大提升后，人们将目光转向了环境治理，发展理念也关注到环境问题上。在关注环境的基础上，发展理念也转向了贫困这一块短板上，提出脱贫攻坚、乡村振兴等战略。当前，社会经济发展已经具有良好的基础，具备了从高速发展转向高质量发展的条件。当前高质量发展的内涵汇集了前期所有发展理念的成果，是前期所有发展理念的集中实现。众多的发展理念为中国从高速度向高质量发展转变奠定了坚实的基础，而高质量发展理念在此前理念的基础上有了内容上的升华。进一步系统地梳理高质量发展的基本内涵，对国家的长远发展具有重要意义。

第三节　区域发展质量诊断方法

评价不同区域发展主题的研究方法多种多样，例如测算综合指数、指标增长率、脱钩弹性等。其中应用较为广泛，且认可程度较高的是构建综合指数的方法（Huan *et al.*，2021；黄茹莉，2015）。经过众多专家学者长期以来的研究和讨论，人们对构建综合指数的一般步骤已经形成共识，认为主要包括四个步骤（Gan *et al.*，2017；Nardo *et al.*，2005；Joint Research Centre-European Commission，2008），分别是选择指标、确定指标权重、聚合指标和评价结果。以下对综合指数计算的四个步骤内容进行详细的综述。

一、指标体系制备的方法综述

在当前的研究中，指标的选取还没有形成统一的标准或要求（Verma and Raghubanshi，2018），导致不同指标体系在指标的数量和含义上差别较大。为科学地指导和评价中国发展进程，选择全面且恰当的指标是最为重要的步骤。指标的选择比综合指数计算方法对评价结果的影响更大（Miola and Schiltz，2019）。关于指标体系的研究主要涉及两部分，即如何构建指标体系和如何进行预处理。

（一）指标体系的构建方法

区域综合性是地理学的重要特点之一（傅伯杰，2014），也是地理学研究的难点问题。地理学研究的综合性主要体现在涉及学科的多样性和地理要素的多样性两方面（傅伯杰，2017），而区域发展质量评价是一种综合性研究，其本质是多样化地理要素指标的耦合研究。因此，选择适合区域发展质量评价的指标，是评价区域发展质量至关重要的一步，也是关乎发展状况评价结果科学性和合理性的基础。

当前，专家学者对指标选取的标准不尽统一，讨论主要涉及四个方面。第一，指标数据的可获取性和可衡量性（Yuan *et al.*，2020）。联合国可持续发展目标机构间与专家咨询小组（Inter-agency and Expert Group on SDG Indicators，IAEG-SDGs）针对SDGs指标提出了三个分级分类（UN Statistics Division，2020），其中，第一类是概念清晰、有国际公认的统计方法、可长期统计的指标；第二类是概念清晰、有国际公认的统计方法、不能长期统计的指标；第三类是概念模糊、没有国际公认统计方法的指标。最理想的指标是第一类。第二，指标选取应该保持其独立性（Tao *et al.*，2019）。一个具体指标可以表示多个不同的含义，所以可能出现在不同的目标或维度之下。例如，联合国SDGs指标体系包含17个目标、169个任务和244个指标，其中，有9个指标重复出现在2至3个任务之下（Estoque，2020），实际指标有232个。但是当前许多学者认为应尽量避免指标重复使用，以避免出现指标间高度相关的情况（Witulski and Dias，2020）。第三，指标体系选择应该具有综合性。区域发展的评价指标应该包含社会、经济、环境的三大支柱，这也导致不同指标体系间在数量、维度方面差异较大。所以在指标选择中指标数量不应太过冗余，也不宜过少（Shen and Zhou，2014）。第四，选择指标应该具有客观性和代表性。选择评价区域发展的指标时，应该尊重发展目标的实际内涵，使之能够代表不同内涵的要求（Li *et al.*，2009；Cook *et al.*，2017）。

选用具体的指标时，主要有四种方法。第一，基于前人的研究和作者的理解，直接选取指标。该方法的使用建立在阅读大量文献资料的基础上，将相关主题的研究指标进行详细列举，然后设定一系列的标准进行删减，或通过专家进行甄别（da Silva *et al.*，2019；Shen *et al.*，2015）。第二，基于压力—状态—响应（pressure-stress-response，PSR）模型。PSR模型将区域看作一个整体，人类活动对系统产生压力，生态系统会发生变化，人们再通过政策行为改善生态系统。该模型被广泛用于区域发展评价指标构建中（Huang *et al.*，2015；李琳、陈东，2004），主要将系统问题划分为压力、状态、响应三个要素。随着人们对系统的综合理解，PSR模型逐渐改进为驱动力—压力—状态—影响—响应（drivers-pressures-states-impacts-responses，DPSIR）模型（张旭等，2020）。在PSR模型三要素的基础上，增加了驱动力和影响要素，更加全面地解释系统各要素变化的内在联系。此外，还有资源环境承载压力与支持、破坏与弹性、退化与促进（pressure-support，destructiveness-resilience，degradation-promotion，PS-DR-DP）的六边形相互作用理论模型（王亮、刘慧，2019）等。第三，面向主题的方法（theme-oriented method）。在充分理解系统内涵的基础上，准确地提出包含发展理念的主题框架（Yan *et al.*，2018），比如环境可持续可以划分为水、土、空气和生物多样性四个主题（Liu *et al.*，2019b），城市发展需要面向资源保护和环境友好两个主题（Chen *et al.*，2015）。该方法具有操作简单的优点，但不能解释系统各主题之间的相关关系。第四，基于政府职能的方法（responsibility-based method）。该方法认为政府作为区域的管理者，对区域的发展具有决策权，而政府各部门的职能也就对应了区域发展的需求和目标，所以把不同部门的执政目标融入评价区域发展的指标体系中具有一定的合理性（Zhou *et al.*，2015a）。该方法提出的时间较短，在区域发展评价中应用较少。该方法的缺点在于过多依赖政府职能文件，缺少对当下区域各要素发展的实时判断。

随着地理学研究范式逐渐从单要素向多要素、由点线面向系统转变，在构建区域发展评价指标体系时，多尺度的问题不断受到人们的关注。在单尺度的研究中，多涉及一个特定单元（Gulseven，2020）或多个特定单元（马海涛、徐楦钫，2020）的发展评价。在评价多个同级别的特定单元时，学者主要利用相同的评价指标体系（柯丽娜等，2011）进行研究。在多尺度的研究中，多涉及不同的特定单元，即区域与亚区域的发展研究，以此分析两个尺度上不同区域间的发展特点。但是，在当前涉及多尺度评价的研究中，学者们仍然是通过构建通用的评价指标体系来研究区域与亚区域的发展状况（李经纬等，2015；李茜等，2015），鲜有考虑构建随尺度变化的评价指标体系。

（二）指标数据的预处理方法

在进行指标数据预处理之前，需要根据构建的指标体系进行原始数据的搜集工作。本书将搜集到的指标数据类型划分为两种。第一种是可以直接获取的数据。此类数据主要是指直接观测得到的自然要素数据（麦麦提吐尔逊·艾则孜等，2017），以及统计资料中的社会经济数据（方创琳等，2019）。观测的自然要素数据具有数据量大、时间间隔短的特点，但是存在时间序列较短、操作难度大的问题。而统计资料中的社会经济数据具有时间序列长、数据来源稳定的特点，也存在研究尺度较粗、统计口径不一致的缺点。第二种是经过二次处理的数据。此类数据主要是指通过模型模拟、遥感影像等计算机技术手段处理后的数据（陈军等，2018），以及社会经济数据通过计算得到的指标数据（Long and Ji，2019）。指标体系中包含以上任意数据类型的指标，而且以不同分辨率的栅格单元为基础进行数据的网格化表达，将会是未来的发展趋势（邱云峰等，2007；魏伟等，2014；刘继来等，2017）。

在指标数据搜集完成之后，需要对原始指标数据进行一定的预处理，以保证评价结果的准确性。本书认为对指标数据的预处理主要可分为两方面。第一，指标间相关性分析。指标间的相互关系主要有三种，分别为正相关、负相关和不相关。其中，具有较强的正、负相关性的指标，代表一方随着另一方的变化而变化，在指标系统中会出现较强的信息重叠，最终影响评价结果。专家会通过相关性计算删除具有较强相关性的指标，提高指标体系的可信度并降低指标体系信息的冗余度（Jing and Wang，2020）。当前主要采用的相关性计算方法有皮尔森相关系数法（Lusseau and Mancini，2019）、变异系数法（Wang et al.，2020a）、斯皮尔曼等级相关系数法（Pradhan et al.，2017）等。第二，指标的标准化处理。指标数据多种多样且千差万别，由于不同指标的数据体量不一样，直接运算会造成数量大小的不可比。为了消除指标量纲的影响，需要进行标准化处理。将指标数值映射到一个特定范围，一般为[−1，1]或[0，1]，标准化处理的主要方法有极差标准化、隶属度模型和 Z-Score 标准化等（Luzzati and Gucciardi，2015；Chen，2019a）。以上关于指标数据预处理的方法，均是为了保证一个特定单元内的所有指标或不同特定单元之间所有指标具有可比性。

二、指标赋权的方法综述

通过阅读大量的国内外文献，本书以是否有个人意志参与指标赋权方法中作为分类标准，将指标赋权方法划分为三类，即主观方法、客观方法和主客观混合方法。主观方法是指根据决策者的偏好决定指标权重，主观方法为人们的主观意识所支配或影响。客观方法是指在对初始数据进行分析的基础上，采用数学方法确定目标权重，不以人的意志为转移而确定指标权重。主客观混合方法是将专家学者的先验知识和数学方法相结合，以达到确定指标权重的目的。

由于指标"等权重"方法的特殊性，其本质不同于以上三类的要求。等权重方法是将各个指标的重要性视为相同，其运算的本质很难用主客观的标准进行分类。在等权重的应用中，最具有代表性的是关于联合国 SDGs 的发展进程评价问题，将 17 个 SDGs 看作同等重要（朱婧等，2018；Xu *et al.*，2020a）进行处理。此外，等权重方法具有操作简单、适应性强的特点，可以与其他非等权重方法相结合（Wang *et al.*，2020c）。等权重方法在原理上虽然简单却更加无懈可击。然而，当前学者较少使用等权重方法，其主要原因是当前大部分国家处于发展中阶段，很难做到对社会经济环境各方面同样重视（Wu *et al.*，2018）。

（一）主观方法

主观方法主要有德尔菲法，又被称为专家打分法。德尔菲法的主要原理是让专家参与到评价指标的赋权工作中，根据专家对区域发展状况的先验知识，判断指标的重要程度（刘庆志、国凤兰，2016）。在打分过程中，一般采用匿名的形式，并要求尽可能多地咨询国内外相关领域的专家，需要经过多次的反馈，最终得到各指标的权重（黄朝永等，2000）。该方法具有操作简单的特点，但也受到专家先验知识、专家数量的影响。此外，主观判断也会影响指标权重的合理性。主观赋权方法在今后的应用中，应该尽可能地让更多的民众参与到指标赋权的过程中（刁尚东等，2013），提高民众参与的覆盖度，并增加样本数量，以达到提高指标权重合理性的目标。

（二）客观方法

综合分析客观方法的数学原理，本书认为客观方法可细分为两个类别，即相关性分析方法和优化分析方法。相关性分析方法是指分析要素之间的关系或关联程度。优化分析方法是通过分析基于目标条件和约束条件的最优解，以实现效益的最大化。

1. 相关性分析方法

相关性分析方法是指通过收集、整理、分析和解释统计数据，并针对其所反映的问题做出一定结论的方法，比如均值、中位数、众数等，主要涉及概率论和数理统计方面的问题。应用最为广泛的指标赋权方法主要有四种，即主成分分析法（principal component analysis，PCA）、熵权法、通过标准间关联性进行标准重要性计算方法（criteria importance through inter-criteria correlation，CRITIC）、回归分析法。接下来简要介绍这些方法。

PCA法是1901年由卡尔·皮尔逊（Karl Pearson）提出的一种通过降维方式实现线性关系的统计学方法（Yang et al.，2020），从高维度特征数据中抽出最核心的变量（谢炳庚等，2015），在多元决策分析中具有重要应用。PCA法将指标体系看作一个数据矩阵，将众多变量中相关性高的变量组合成一个新的变量，使新变量之间互不相关，且能代表原变量的大部分信息，计算新指标的特征向量作为新指标的权重系数。PCA法可由多种操作软件实现，例如SPSS、ArcMap等。PCA法可以与其他方法组合使用，例如层次分析法（Yu et al.，2010）、施密特正交化（檀菲菲、陆兆华，2016）等。

熵权法运用广泛的主要原因是该方法基于指标数据本身的变化情况来确定指标权重，完全反映指标本身的实际状况。其本质是指标数据波动程度越大，表明指标变动越敏感，指标权重也就越大。熵权法是利用信息熵理论中数据从有序到无序的变化情况（Wang et al.，2020a），来解释指标的信息程度和不确定性程度，主要借鉴了香农（Shannon）熵理论（Chen，2019b；Shannon，1948）。最近，玻尔兹曼（Boltzmann）熵也被重新讨论（Cushman，2015），并发展出多种计算方法（Cushman，2018；Gao and Li，2019），在未来有望应用于指数计算中。

CRITIC法是由多位来自希腊的学者提出（Diakoulaki et al.，1995），主要用于解决计算指标权重时未考虑指标间相关性的问题。该方法可以量化指标与其他指标之间的冲突性，并以此来确定指标的权重（Li *et al.*，2018），其本质是"指标的变化强度和指标间冲突的乘积"占乘积加和的比例（Abdel-Basset and Mohamed，2020），其中，变化强度用标准差表示，冲突用指标的相关系数表示。

回归分析法能够解释大量指标与要实现的单一目标之间的联系，其核心思想是建立各个指标与综合指数之间的线性回归方程（Foody，2003；Hsieh，2011）。每个指标变量前的系数即代表指标在系统中的权重。本书将 PCA 法、熵权法、CRITIC 法和回归分析法的优缺点进行简要总结，见表 2–1。

表 2–1　以相关性为核心的指标赋权方法的优缺点

指标赋权方法	优点	缺点
PCA 法	①具有操作简单、结果易于理解和解释的特点；②解决了指标信息重复计算的问题	①要求指标存在线性关系；②不适用于指标量过大的情况
熵权法	①操作简单、过程透明；②能够反映数值本身的变化状况	①没有考虑指标之间的相关性问题；②指标数值类型不能是变化率或增长率，否则会影响信息熵的计算结果
CRITIC 法	①操作简单、过程透明；②计算过程中考虑了指标间的相关性	①标准差表征指标的变化强度具有局限性；②指标数值类型不能是变化率或增长率
回归分析法	①操作简单；②可以处理大样本量	①要求指标间相互独立，若相关性较高，会影响结果；②要求数据量大

2. 优化分析方法

优化分析方法，又称为运筹学方法，是指在某些约束条件下，决定某些可选择变量的值，使所选定的目标函数达到最优的方法。在区域发展评价的研究中，符合优化原理的指标赋权方法较多，本书主要介绍以下三种方法，即秩权重法（ranked weights）、数据包络分析方法（data envelopment analysis，DEA）、质疑益处模型（benefit of the doubt，BoD）。

秩权重法，又称为排序权重法，是一种客观全面地反映有限方案多目标决策分析的常用方法。秩权重法的主要思想是对指标体系的维度层，穷举它们的排序关系，在每一种排序关系下，计算区域发展指数，不需要计算准确的指标权重，以此来避免权重计算不准确的问题（Ding *et al.*，2017）。秩权重法以突破性的思想提出了一种计算指标权重的新思路，但该方法在计算发展指数时，本质上还是选择所有指标维度排序结果中最优的一种情况。

DEA 法和 BoD 模型原理相似，其本质都是一个目标最优化的问题。DEA 法是一种从要素的投入生产率角度分析区域发展状况的研究方法（牛衍亮等，2015）。在应用该方法时，应根据模型的需要将指标体系按照投入变量和产出变量（Hatefi and Torabi，2010；González *et al.*，2018）进行分类，在改进型的非期望 DEA 法中增加了非期望产出变量（Tian *et al.*，2020）分类。BoD 模型是 DEA 法在综合指数计算领域的一个应用，最初被用来评价区域的宏观经济表现（Rogge，2018），该模型计算的原理是计算一个区域的实际表现情况与其基准表现的比值。秩权重法、DEA 法和 BoD 模型的优缺点总结见表 2–2。

表 2–2　利用优化思想为指标赋权方法的优缺点

指标赋权方法	优点	缺点
秩权重法	①避免计算指标的具体权重； ②操作简单、过程透明	①当指标维度较多时，计算难度将呈指数增加； ②其本质还是选取了某一种排序结果
DEA 法、BoD 模型	①由于权重是由投入产出的表现确定，适合对国家政策背景下的发展评价； ②指数旨在激励投入和产出	①必须对权重进行限制，比如目标函数和约束条件； ②只能根据投入、产出维度设置指标体系，不能考虑其他维度情况； ③优化问题导致计算的透明度降低

（三）主客观混合方法

主客观混合方法是指将客观计算的指标权重与专家意见相结合，既符合指标数据本身的特性，又符合专家学者的先验知识，因其综合性特点而被专家学者在评价区域发展研究中广泛应用。在区域发展评价中，主客观混合方法主要有层次分析法（analytic hierarchy process，AHP）。

AHP 方法是由托马斯·塞蒂（Thomas Saaty）在 1970 年提出的，在应用过程中需要向相关领域的专家发放调查问卷，调查专家对指标重要程度的判断。问卷的设置需要兼顾指标体系的不同层级，并对设计的指标两两比较打分，根据打分的结果计算指标权重，其本质是计算每个指标几何平均值的占比（Huang *et al.*，2017）。权重结果的有效性需要通过一致性比率检验（Zhao *et al.*，2016）。AHP 法也会与 PCA 法进行组合使用（Guo *et al.*，2018）。AHP 法的优点是可以利用定性和定量的数据进行计算，且增加了定性分析的透明度。其缺点也很明显，例如在操作过程中要求指标间和层次间的成对比较，计算成本大，而且结果在较大程度上依靠专家组的选择。

三、指标聚合的方法综述

指标聚合是计算综合指数结果的最后一步，将众多维度指数通过某种方式聚合为一个综合的单一指数。在该过程中，容易出现指标间补偿效应（即高分值指标补偿低分值指标）的问题。本书以补偿效应的强弱情况为分类标准，将指标聚合方法分为加权聚合方法和几何聚合方法。

1. 加权聚合方法

加权聚合方法的本质是指标数值与权重的加权求和。该方法在区域发展指标评价研究中应用较为广泛，且最为常见的加权求和方法是计算算数平均值，是本书采用的方法。具体的计算公式如下：

$$SI = \sum_{i=1}^{n} \left(I_i w_i \right) \qquad \text{（式 2–1）}$$

上式中，SI 表示区域的高质量发展指数，w_i 表示第 i 个指标的权重，I_i 表示第 i 个指标的标准化数值。

加权聚合方法的优点是操作简单且步骤透明，其缺点是具有较高的补偿效应，且指标间不能有太高的相关性，即协同或权衡效应。例如，可持续社会指数在计算过程中，考虑到环境与人类、经济维度之间具有强的负相关性（王翔宇等，2021b），三个维度指数进行加权处理会掩盖真实的情况，因此仅计算三个维度的指数。然而，在当前研究中并没有很好地解决三维度间正负属性的聚合问题，因此该方法仍存在一定的争议。

2. 几何聚合方法

几何聚合方法的本质是指标数值与权重进行指数处理后的乘法运算。该方法在区域发展指标评价研究中应用也较为广泛，最为常见的是计算几何平均值，即指标间等权情况。具体的计算公式如下：

$$SI = \prod_{i=1}^{n} I_i^{w_i} \qquad (式 2{-}2)$$

上式中，SI 表示区域的高质量发展指数，w_i 表示第 i 个指标的权重，I_i 表示第 i 个指标的标准化数值。

几何聚合方法的优点是操作简单且透明。其缺点是也存在一定的补偿效应，并且因为不要求指标间具有较高的相关性，不能利用指标的数值误差进行指数结果的敏感性分析和不确定性分析（Sun *et al.*，2017）。

四、综合指数结果分析的方法综述

根据计算结果，如何更准确地分析和解释区域发展的现状，是专家学者共同关注的问题。当前针对区域发展综合指数的结果主要关注以下三个方面。第一，区域发展的状况，可以根据综合指数评价发展水平的高低来判断。第二，根据地理学第二定律，不同区域之间是否存在发展水平的相似性，并讨论区域发展水平的分布格局。第三，在时间序列上，关注区域发展的变化趋势和当前的发展阶段，以及发展状态形成的机制问题。

（一）基于综合指数的数值分级

关于不同区域或年份的综合指数"好不好"的问题，一直得到专家学者的关注。当前评价综合指数"好不好"的方式主要有两种。第一，针对一个综合指数选定某些常数作为临界点，划分为多个级别并定义。定义的内容一般为发展程度从高到低的差异分层。在临界点的选取上，主要依靠学者自身对社会经济发展趋势的一般认知，例如在 0 到 1 之间以 0.2 为间隔进行等距离分段（Yu *et al.*，2010），或者以 0.5、0.8 为界进行分段（张正栋，2005）。也有专家学者为了将发展水平级别划分得更加详细，选择区域发展评价的多个指数数值参与类别划分（Yang *et al.*，2017）。此类特殊值分段的方法具有理论简单、操作简洁的优点，但缺点是主观性较强，容易忽略不同区域的实际发展特点。第二，根据国内外某些指标的发展情况，设置指标的分级阈值。该方法主要参考贝塔斯曼基金会（Bertelsmann Stiftung）和联合国可持续发展解决方案网络（Sustainable Development Solutions Network）发布的《SDG 指数和指示板》（*SDG Index and Dashboards*）（Sachs *et al.*，2018），其中将每个指标根据各国或区域的分值划分为四段。《德清践行 2030 可持续发展议程进展报告》（陈军等，2019）中指标分级阈值的选取，全面考虑到国内外的平均水平或先进水平，进而设置分类。

（二）基于综合指数的空间分类

针对多个区域的发展研究，专家学者会关注不同区域的异质性问题，并讨论某特定年份不同区域的发展状况。基于综合指数对多个区域进行空间分类，具有重要的实践意义，不仅能够帮助区域在发展过程中主动对标其他区域，向发展程度高的区域借鉴经验，向发展程度低的区域提供帮助，而且能够明晰区域的发展特点。在人文地理学领域的空间分区研究中，研究方法的本质多为聚类研究，主要的方法有最远邻元素的聚类（王伟、王成金，2020）、Q 型聚类（高珊、黄贤金，2010）、最小跨度树聚类和基于欧式距离的 K-means 聚类（方创琳等，2017）等，常用的操作软件是 SPSS。分析区域间的空间分异规律是地理学研究的重要命题。在今后的研究中，基于单一综合发展指数进行聚类，将向运用一个综合指数和多个亚维度的综合指数进行分析转变，使得聚类结果更加合理化。另外，基于空间连续的分区研究将是未来研究的另一个重点问题。

（三）基于综合指数的时间分段

合理划分区域发展的时间阶段，能够明晰区域发展的时间脉络和发展过程，更容易分析不同阶段发展过程中的机制问题。例如，为了更好地研究中国城市化发展问题，方创琳（2019）曾基于诺瑟姆曲线，结合中国城市发展的实际状况，提出了中国城市化的四阶段。本书认为当前基于综合指数进行时间分段的方法主要有两种。第一，普遍与五年发展规划的时间节点契合，或以 3～5 年作为时间间隔进行分段（王安周等，2009）。该方法符合国内五年规划政策的发展，具有一定的普适性，但带有一定的主观性，没有从实际的综合指数变化特征出发。第二，利用目视解译的方法，根据区域综合发展指数的变化趋势划分阶段。该方法适合指数曲线较少的情况，但是当遇到突变的时间节点时，不容易进行阶段分辨，并且当参与分析的区域样本增大时，难以科学地划分区域发展阶段。以上两种方法均能够在一定程度上反映社会经济发展的变化趋势，但都存在一定的弊端。

第四节   区域发展质量诊断指标

一、区域发展质量诊断指标

遴选合适的区域发展质量诊断指标是区域发展质量诊断科学性的基础。当前研究中，基于大数据的发展，各种各样的指标层出不穷，在数据类型、数据体量、数据来源方面均有多种的选择。不同主题的区域发展质量诊断研究评价指标体系具有多层次、多样化的特点。

不同主题的区域发展质量诊断结果的差异性对比，本质是综合评价指标体系的对比。在国际上，被众多学者认可的用于评价一个国家或区域综合发展的指标或指数有很多，比如快乐星球指数（happy planet index，Ng，2007）、可持续城市化指数（sustainable urbanization index，Lu and Ke，2018）、可持续福祉指数（sustainable wellbeing index，Costanza et al.，2016）等，上述指数所涉及的每一个评价指标体系都试图涵盖社会经济发展的方方面面。在 2015 年的联合国可持续发展峰会上，由联合国 193 个成员国正式通过的《变革我们的世界：2030 年可持续发展议程》中提出了 SDGs，其中包含 17 项目标、169 项小目标和 242 个具体指标。SDGs 的内容涵盖社会、经济和环境三大支柱领域，是世界上专家学者公认的最全面的评价区域发展质量的指标体系。本书以 SDGs 为标准，在维度层上与不同的区域发展质量诊断指标体系进行对比。

本书设置了四个标准，用于筛选区域发展质量诊断的评价指标体系。第一个标准是时效性。选取的评价指标体系尽可能是最近年份发布的，例如五年左右；第二个标准是指标体系必须是针对国家尺度的；第三个标准是指标体系必须是以区域发展质量为主题；第四个标准是指标体系必须是官方认可的或官方发布的，具有权威性，例如国家部委相关部门或相关科研机构。

最后，本书搜集了五套区域发展质量诊断指标体系（表 2–3），分别是美丽中国建设①、绿色发展评价②、生态文明评价③、中国 SDGs 评价（生态环境部环境规划院、世界自然基金会，2018）和高质量发展评价指标体系（易昌良，2020）。其中，需要说明的是有多个省份已经发布了高质量发展评价指标体系，如湖南省、湖北省和江苏省等，但不同省份发布的指标体系存在差异，难以进行系统比较，因此本书选择了由易昌良主编、2020 年出版的《中国高质量发展指数报告》中的高质量发展评价指标体系。该书属于国是智库高质量发展系列研究报告之一，具有一定的权威性和参考性。其次，中国 SDGs 评价共包括 163 个指标，但在全国评价中可量化、数据来源可靠的指标仅有 123 个。本书用于分析的指标数量为总体数量，即 163 个。

表 2–3　五套区域发展质量诊断指标体系介绍

评价主题	时间	发布机构	文件名称	指标体系介绍
中国 SDGs 评价	2018 年	生态环境部环境规划院和世界自然基金会	《中国可持续发展目标（SDGs）指标构建及进展评估报告 2018》	17 个目标 163 个指标
美丽中国建设	2020 年	国家发改委	《美丽中国建设评估指标体系及实施方案》	5 个维度 22 个指标
绿色发展评价	2016 年	国家发改委、国家统计局、环境保护部、中央组织部	《绿色发展指标体系》	6 个维度 55 个指标
生态文明评价	2016 年	国家发改委、国家统计局、环境保护部、中央组织部	《生态文明建设考核目标体系》	4 个维度 22 个指标
高质量发展评价	2020 年	研究出版社	《中国高质量发展指数报告》	5 个维度 21 个目标 411 个指标

从表 2–3 中可知，面向不同发展主题的区域发展质量诊断指标体系，在维度、层

---

① 中华人民共和国中央人民政府："国家发展改革委关于印发《美丽中国建设评估指标体系及实施方案》的通知"，http://www.gov.cn/zhengce/zhengceku/2020-03/07/content_5488275.htm，2020 年 2 月 28 日。

② 中华人民共和国中央人民政府："发展改革委印发《绿色发展指标体系》《生态文明建设考核目标体系》绿色发展指标体系发布通知"，http://www.gov.cn/xinwen/2016-12/22/content_5151575.htm，2016 年 12 月 22 日。

③ 中华人民共和国中央人民政府："发展改革委印发《绿色发展指标体系》《生态文明建设考核目标体系》绿色发展指标体系发布通知"，http://www.gov.cn/xinwen/2016-12/22/content_5151575.htm，2016 年 12 月 22 日。

级、指标的数量和含义上各不相同，也各具特色。第一，生态文明评价指标体系中有 2 个维度（共 2 个指标）涉及主观评价方面，包括居民满意度调查和突发生态环境事件情况，该方面的考量为其独有。第二，高质量发展评价指标体系指标数量最多，涉及面广泛，但是数据收集难度也最大，而且指标之间相关性也较高，有一定程度的信息冗余。第三，美丽中国和生态文明评价指标最为简练，数据搜集简便且代表性较好。第四，中国 SDGs 评价以联合国 SDGs 为标准设立 17 个维度，涵盖内容丰富且精细。

二、区域发展质量诊断指标对比

中国 SDGs 评价、美丽中国建设、绿色发展评价、生态文明评价和高质量发展评价指标体系之间各具特色，但也不乏相似含义甚至相同的指标存在。这主要是因为当前构建区域发展质量诊断指标时，学术界没有统一的标准，主要要求是选取的指标要凸显区域发展主题的内涵。中国 SDGs 评价的思想是让区域内达到可持续发展的最低水平，例如没有贫困人口、人民温饱，17 个 SDGs 覆盖的内容丰富，涉及了与人相关的方方面面。因此，本书以中国 SDGs 评价指标体系为标准，与美丽中国建设、绿色发展评价、生态文明评价、高质量发展评价指标体系分别进行两两对比，如果有指标重合或含义相似，则认为两套指标体系之间包含了该指标所代表的维度层含义，并在维度层面上进行标记，结果如表 2-4。

一方面，对比发现不同主题的区域发展质量诊断指标体系具有不同的侧重点。绿色发展评价强调区域发展过程中经济和生活中的节能减排；生态文明评价强调自然环境、生态系统的保护；美丽中国评价强调区域发展过程中水、土、气、生、人五方面的清洁、无污染；高质量发展评价更加强调经济方面的发展（五个维度中有四个与经济相关）；中国 SDGs 评价强调各方面的均衡发展。

另一方面，不同主题的区域发展质量诊断指标体系与中国 SDGs 评价相比有不同程度的指标缺失。例如中国 SDGs 评价的目标 5、目标 13 和目标 16 方面，绿色发展评价、生态文明评价、美丽中国建设和高质量发展评价中都未涉及相关指标，主要原因可能是数据收集具有一定的难度，以及各评价主题的侧重点有所差异。此外，绿色发展评价、生态文明评价、美丽中国建设和高质量发展评价指标体系的一个维度可以对应中国 SDGs 评价中的多个目标，该现象也表明各评价主体在设计维度时更加精练。

表2-4　五套区域发展质量诊断指标体系对比

		中国SDGs评价																
		1	2	3	4	5	6	7	8	9	10	11	12	13	14	15	16	17
绿色发展评价	资源利用		●				●	●				●						
	环境治理			●			●	●		●		●						●
	环境质量						●			●		●						
	生态保护											●			●	●		
	增长质量								●	●								
	绿色生活						●	●				●						
	资源利用						●	●				●				●		
生态文明评价	生态环境保护											●				●		
	公共满意程度			●			●					●						
	生态环境事件																	
美丽中国建设	空气清新						●					●						
	水体洁净									●								
	土壤安全			●						●		●						
	生态良好						●	●	●									
	人居整洁						●	●	●			●						
高质量发展评价	创新驱动															●		
	结构优化		●	●	●				●			●						
	绿色经济				●								●					
	开放经济		●	●			●		●			●				●		●
	民生保障	●	●	●			●		●		●	●						●

注：目标1——无贫穷；目标2——零饥饿；目标3——良好健康与福祉；目标4——优质教育；目标5——性别平等；目标6——清洁饮水和卫生设施；目标7——经济适用的清洁能源；目标8——体面工作和经济增长；目标9——工业、创新和基础设施；目标10——减少不平等；目标11——可持续城市和社区；目标12——负责任消费和生产；目标13——气候行动；目标14——水下生物；目标15——陆地生物；目标16——和平、正义与强大机构；目标17——促进目标实现的伙伴关系。

通过以上的总结和对比，本书发现上述指标体系中有两项可改进的指标。

第一，用于反映环境质量的指标，即植被覆盖率。该指标或类似指标在现有评价体系中非常常见，例如中国 SDGs 评价"目标 15"中的森林面积占陆地总面积的比例、草原综合植被盖度；美丽中国评价指标中的在生态良好维度下的森林覆盖率；绿色发展评价指标中的在生态保护维度下的森林覆盖率、森林蓄积量、草原综合植被覆盖度；高质量发展评价指标中的是在绿色发展维度下资源环境中的森林覆盖率、林地面积和造林总面积。用于评价环境状况时，该指标具有以下问题。

中国幅员辽阔，东西经度跨度较大，不同的地形和气候条件导致省际或区域间生态环境条件和自然禀赋条件差异明显。生态环境类指标（如植被覆盖率）如果直接与其他维度指标进行拟合指数运算，会导致不同省份的综合指数在很大程度上依赖于生态环境类维度的得分。此外，类似于森林覆盖率的指标很难反映人类活动对生态修复的影响。基于对区域发展质量评价文献的认识，本书发现只有清华大学和世界自然基金会（2020）尝试解决该问题。他们在评价中国省域可持续发展状况时，选择将陆地生物（目标 15）单独进行比较（仍使用了森林覆盖率指标），并没有纳入综合指标的计算范围。本书认为该方法并没有完全解决该问题，该方法得到的综合指数可能存在一定的偏差，即目前尚未很好地解决由自然本底差异所引起的跨区域可比性问题。

第二，各指标体系缺乏对国家在国际安全方面的考虑。当前国家处于复杂多变的国际环境中，大国博弈的影响深远且显著。在中国 SDGs 评价中的目标 17 强调了国际合作，目标 16 中强调了国家法制安全，目标 13 中强调了气候方面的自然灾害的安全，而其余四套指标体系仅有绿色发展评价和高质量发展评价有指标涉及中国 SDGs 评价中的目标 17 方面。五套评价体系均缺乏对国家在国际地缘安全方面的考虑。

第五节　小结

本章通过对区域发展基础理论、一部分中国的区域发展理念、区域发展质量诊断方法与诊断指标的综述，发现当前研究中有以下三点不足。第一，以高质量为目标的区域发展具有重要的研究意义,但是对区域高质量发展的内涵认识的差异性较大。第二,利用综合指数评价区域发展状况时,进行时间序列上的分段所采用的方法不够客观,没有完全从数据波动的特征出发。第三,在当前评价区域发展的主流指标中,缺乏对自然本底和国家安全方面的考虑。

第三章　区域高质量发展的内涵剖析与多尺度评价指标体系构建

第一节　区域高质量发展的内涵剖析

高质量发展是实现我国第二个一百年奋斗目标的重要方式和根本路径，早在2017年习近平总书记就依托五大发展理念对高质量发展的实现路径进行了详细阐述，但当前学者对高质量发展的内涵理解不一，高质量发展的理论基础较为模糊。本章结合当前国内社会经济发展的主要目标和要求，以及相关的地理基础理论、对中国相关发展理念的理解，系统剖析区域高质量发展的基本内涵。

中国在区域发展过程中，往往以发展理念和各项政策为导向，使得人们的生活、生产方式在潜移默化间被改变，也助推了以人为本的社会经济发展模式的形成，实现了从单一目标下的社会经济系统发展，向多目标协同下的社会、经济、生态系统发展的转变。当前我国社会主要矛盾已经转化为人民日益增长的美好生活需要和不平等不充分的发展之间的矛盾，为了解决这个矛盾必须将发展速度的重心转移到发展质量上。习近平总书记在党的十九大报告中指出："我国经济已由高速增长阶段转向高质量发展阶段。"随后在生态高质量、居民生活高质量方面有所延伸。这是党中央根据国内社会经济发展形势、人民生活需求和生活方式的变化，以及国际各方面环境变化，做出的最新的重大研判，这是我国整体发展的一个新的里程碑，但也面临着诸多新挑战、新问题。

高质量发展作为指导当前乃至今后较长时间国内发展的主要理念之一，其发展目标有明确的政策方向。2020年10月，党的十九届五中全会提出，"十四五"时期经济社会发展要以高质量发展为主题。这是党中央根据我国发展阶段、发展环境、发展条件变化做出的科学判断。所以，"十四五"规划时期的主要经济社会目标可以作为评价区域高质量发展主要方面的参考。党的十九届五中全会上审议通过了《中共中央关于制定国民经济和社会发展第十四个五年规划和二〇三五年远景目标的建议》（以下简称《规划和建议》）。《规划和建议》指出了"十四五"时期经济社会发展的六方面主要目标[①]：

① 经济发展取得新成效；

② 改革开放迈出新步伐；

③ 社会文明程度得到新提高；

④ 生态文明建设实现新进步；

⑤ 民生福祉达到新水平；

⑥ 国家治理能力得到新提升。

一个地区怎样才能实现高质量发展，如何科学地评价地区高质量发展程度，是专家学者共同关注的问题。我国 34 个省级行政区，受经济基础、地形和气候条件等因素的影响，所有区域都通过产业升级来寻求高质量发展是不可能实现的。所以，一个区域在社会、经济、环境三大支柱系统中，应该找到最适宜的发展内容，"宜牧则牧、宜林则林"的区域发展才是真正的高质量发展。

根据前人对高质量发展理念的理解和第二章里梳理的区域发展基础理论，以及"十四五"时期经济社会发展的主要目标，本书把"区域"思想引入高质量发展理念中，提出"区域高质量发展"的概念。本书认为"区域高质量发展"是基于特定单元的实际状况，以可持续发展目标为基础，以创新发展为驱动力，以绿色低碳和区域协调为导向，充分利用经济全球化的时代背景，优化升级人与自然和谐共生的现代化经济体系；在保障国家安全和自然本底稳定的前提下，构建一个文明、高效、健康的社会经济发展新模式。并且，不同区域的实际发展状况不同，可能在不同方面表现出高质量的发展状态。最终，本书将区域高质量发展包含的内容划分为七部分，即经济质量、创新驱动、对外开放、社会文明、生态文明、民生福祉和安全保障，并绘制了区域高质量发展的内涵逻辑图（图 3–1）。

---

① 人民网：http://js.people.com.cn/n2/2020/1101/c360298-34387073.html，2022 年 11 月 1 日。

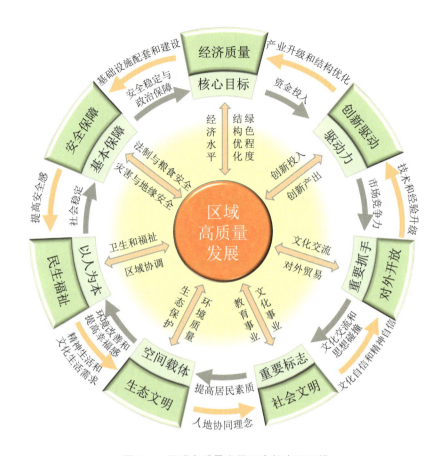

图 3-1　区域高质量发展理念的内涵逻辑

综合性和区域性是地理学研究的两大特点（宋长青等，2018；宋长青等，2020b），学者对高质量发展理念的理解普遍类同综合性的基本阐释，而本书提出的区域高质量发展理念是集综合性和区域性两大地理学特点的综合思想，也强调了多样化地理要素之间的耦合（宋长青等，2020a）。总之，高质量发展的本质是区域的综合发展，是区域发展的一种表现形式，是实现从"有没有"到"好不好"的转变，要求抛弃原有一味重视速度的思想，转变为重视效率、质量的发展思想，并把该思想应用到社会、经济、环境领域的各个方面。因此，本书以面向高质量的区域发展评价为主题，以区域高质量发展的内涵为切入点，进行区域发展评价的实证研究，以分析各区域发展的高质量水平。

第二节　构建基于区域高质量发展内涵的评价维度框架

根据高质量发展的内涵和"十四五"时期经济社会发展的主要目标，本书将区域高质量发展的七大内容转化为七个维度层，以此构建一个评价区域高质量发展的指标体系框架。七个维度层分别为经济质量维度、创新驱动维度、对外开放维度、社会文明维度、生态文明维度、民生福祉维度和安全保障维度。各维度的具体的内涵和多层次体系框架的内容如下。

一、经济质量维度

经济高质量发展是中国高质量发展的核心目标。我国的经济发展已经进入新常态，对经济的要求不再仅局限于速度，而更要注重效率。在此背景下，本书认为经济质量维度可以有三层含义。第一，经济质量维度注重经济水平提升。我国经济体量庞大，已经为实现经济速度的换挡、经济动能的转换提供了基本条件。我国的经济增长速度与国家实力之间并没有必要的联系，并能接受经济增长速度降低的情况。在保证一定的增长下，考虑经济的增长效率和经济的人均发展状况是经济高质量发展的重要任务。第二，经济质量维度注重经济结构优化。产业结构的合理配置，对经济增长能够起到事半功倍的效果。在经济发展过程中，不断优化产业结构，提高金融服务业和高端制造业的占比，提高农业现代化水平，完善区域（城市群）产业分工，是经济高质量发展的普遍形态。第三，经济质量维度注重经济绿色发展。随着社会的发展，高投入、高消耗、高污染的传统粗放型经济生产方式，已经不适用于当前发展思想主导的发展方式。在经济发展中，考虑资源条件和环境承载力的约束，打造资源节约型、社会友好型的集约经济模式，使得"APEC 蓝"成为时代常态。在经济生产中重视能源的清洁、低碳、高效和安全利用，落实节能减排理念，也是经济高质量发展的必由之路。最终，实现高效率发展的循环经济新模式（Geissdoerfer *et al.*，2017）。

二、创新驱动维度

科技创新是中国高质量发展的第一驱动力。我国在近代错失了全面参与前两次科技革命的机会，但也因此更加深刻地认识到掌握核心科技的重要性。党的十八大提出了创新驱动的发展战略。在此背景下，本书认为创新驱动维度主要有两层内涵。第一，创新驱动要关注创新投入。科技创新能够直接提高国家的社会生产力水平和国家的综合国力水平，要将创新放在国家发展战略的核心位置。国家在科学技术方面不断加大投入和支持，目的是营造一个舒适的创新环境，吸引科技创新人才，不断弘扬科学精神和创新理念，提高全社会的创新积极性，形成一个良好的社会创新氛围。第二，创新驱动关注创新产出。科技创新的成果主要体现在学术水平和创造经济能力上，反映国家的科技创新实力或学术基础水平。在市场环境中，将"中国制造"转变为"中国创造"，将科学技术转变为经济实力，提高高新技术产业的产值，创造产业发展新优势，以技术创新成果为中国高质量发展注入新动力，助力产业体系中新旧动能的顺利转换。在学术环境中，注重基础学科的研究，将论文写在祖国的大地上，提高中国科学的影响力。以科学研究带动技术创新，再转变为经济创造，形成一个完善的创新体系。

三、对外开放维度

改革开放是中国高质量发展的重要抓手。改革开放决策的实施，不但解放和发展了生产力，而且促进我国快速从"站起来"到"富起来""强起来"的转变。基于此背景，本书认为对外开放维度有两层内涵。第一，对外开放，开放的是思想。要做到解放思想，防止思想僵化，要在文化教育和学术思想层面上保持开放和交流的状态，在国家间实现教育资源和思想文化的流通，保持自身思想的先进性和批判性，才能放开手脚走好高质量发展的新征程。第二，对外开放，开放的是市场。国内市场庞大、劳动力丰富、政策优惠，吸引了大量的外资入驻中国，而中国产品和企业也可以进入国外市场。粤港澳大湾区、海南自由贸易港、"一带一路"建设等举措，也证实了中国开放的程度会越来越大、开放体系将越来越完善，实现资金流、信息流、商品流等贸易网络的互联互通，最终形成以国内大循环为主体，国内国际双循环相互促进的高水平对外开放局面。

四、社会文明维度

文明的社会是中国社会进步的重要标志。社会文明与社会经济发展之间是相辅相成的，实现中国高质量发展，不仅需要强大的物质基础，还需要坚定的思想道德建设和精神力量。基于此背景，本书认为社会文明维度有两层内涵。第一，社会文明要重视文化事业和文化产品。文化是一个国家或民族在历史长河中屹立不倒、稳定前行的根基，是国家和民族的灵魂所在。文化兴则国运兴，实现国家和民族的伟大复兴，需要加强国家的文化事业建设，例如创造文化产品、打造文化名片，从而提高国家文化软实力，提高对重点传统文化的保护程度，重视文化传承，提高国民的文化认同感和文化自信。第二，社会文明要重视教育事业。教育发展是国之大计、党之大计，也是提高居民文化水平的重要方式之一。发展高质量的教育，要不断弥补区域间教育资源和教育投入上的不平等，实现教育公平，提高居民的受教育水平，提高基础教育和高等教育的配套设施建设，注重高学历人才的培养。

五、生态文明维度

生态环境是中国高质量发展的空间载体。生态环境与经济发展之间是辩证统一的关系，且自然环境是人类发展的命脉所在，保护自然环境就是在保护发展。基于此背景，本书认为生态文明维度有两层内涵。第一，生态文明要注重生态保护。生态空间是生产空间和生活空间的主要载体，生态保护主要体现对生态系统健康和自然本底的关注，具体体现在区域本来的土地类型状况，与当下的土地类型状况的差异性比对，以及针对生态保护效果的检测。要坚定山水林田湖草生命共同体的理念，保护生态系统的健康。第二，生态文明要注重环境质量情况。关注环境质量主要是防止污染环境的现象发生，关注水、土、气、生等自然要素的污染程度，以及政府对污染治理方面的投入程度，将环境污染的影响降到最低。

六、民生福祉维度

以人为本是中国高质量发展的基本信念和思想。创造人民的幸福生活是中国高质量发展的最终目的，是全国人民的共同愿望。基于此背景，本书认为民生福祉维度应该包含三层内涵。第一，民生福祉要关注国民的卫生健康状况。卫生状况主要包括人民生活中所能享受到的医疗卫生服务和城乡环境卫生水平。深化医疗卫生服务改革和保持居住环境清洁，可以为人民提供全方位、全周期的卫生服务。健康状况主要包括人民的健康水平和健康生活条件。人民健康是民族昌盛和国家富强的重要标志，更是幸福生活中最重要的指标，高质量的福祉应该同时关注人民的身体健康和心理健康，应以治病为中心转变为以人民健康为中心，不断完善健康政策，实现健康中国的目标。第二，民生福祉要关注人民生活的幸福感和获得感。关注人民所关注的问题，构建多层级的社会保障体系，使得生活性的服务业和基础设施向高品质、多样化升级，最终实现老有所终、贫有所依、难有所助、特殊人群皆有所养的状态，使人们有尊严地生活。第三，民生福祉要关注区域发展的协调状况。2019 年农村居民人均可支配收入超 1.6 万元，增速连续 10 年高于城镇居民，表明城乡融合发展进入新阶段，应继续积极推进乡村振兴和新型城镇化的发展，缩小区域间的贫富差距，实现区域协调发展。此外，区域发展并不是要求城镇化率越高越好，区域协调的重点是要求城市与农村的耦合发展和统筹发展，城乡分工合作和功能互补。

七、安全保障维度

国家安全是中国高质量发展的基本前提。在国际上，中国被评价为世界上最安全的国家之一，社会平安稳定，人民生活祥和，"平安中国"的国家名片越发瞩目。基于此背景下，本书认为安全保障维度应该包含四层内涵。

第一，安全保障要实现法制保障。社会的平安稳定需要坚持依法治国、公平公正，让人民切实感受到安全感，充分发挥制度优势，扎实推进司法职能、治安管理，构筑安全屏障，提高中国法制建设。

第二，安全保障要关注粮食问题。全面建设小康社会已经实现让人民"吃得饱"，现阶段发展需要向"吃得好"转变。人民的饮食结构也在逐渐发生变化，人们不但关注粮食产量是否能够满足消费需求，而且关注粮食质量是否达到标准。大力发展农业现代化是保障粮食产量和提高粮食质量的重要方式。而国家领导人也非常关注"饭碗"能否端在自己手中，至今，中共中央国务院已经发布了 19 个指导"三农"工作的中央一号文件，文件中多次对保障国家粮食安全做出指示。

第三，安全保障要关注灾害风险问题。我国某些区域的气象灾害和地质灾害发生次数较多，对居民的人身和财产安全产生危害的风险较大，严重影响区域的高质量发展，所以应该注重提高防灾、减灾、救灾的能力。此外，需注意社会发展中意外伤害也会造成人民的经济损失和伤亡。

第四，安全保障维度要关注国家安全。要梳理总体国家安全观，在错综复杂的国际关系中，发挥中国智慧、表达中国态度。牢牢把握国家安全形势，积极处理中国与周边国家的外交关系。和谐的外交关系和国际环境，有助于开拓合作共赢的新局面，打造内外兼备的安全格局。此外，加快国防建设，实现富国和强军相统一，可极大地促进中国高质量发展。

八、多层次体系框架总结

本书结合"区域高质量发展"概念和七大维度的内涵，提出"1+7+18+N"的多层次评价体系框架（图 3-2）。该框架中"1"是指一个复杂系统，即区域高质量发展的实现涉及一项多目标、多层次、多地理要素耦合的复杂系统。"7"是指七个维度，将区域高质量发展内涵的七部分内容确定为评价体系的七个维度层，分别指经济质量维度、创新驱动维度、对外开放维度、社会文明维度、生态文明维度、民生福祉维度和安全保障维度，七个维度之间相互作用、相互影响，共同推进区域高质量发展。"18"是指十八个目标层，基于七个维度的基本内涵，分别对应不同的目标。经济质量维度包括经济水平、结构优化和绿色程度三个目标层；创新驱动维度细化为创新投入和创新产出两个目标层；对外开放维度划分为思想交流和对外贸易两个目标层；生态文明维度包含生态保护和环境质量两个目标层；民生福祉维度划分为卫生健康、人民福祉和区域协调三个目标层；安全保障维度划分为法制安全、粮食安全、灾害损失和地缘安全四个目标层。"N"是指在不同尺度下精细化设计的指标个数，指标的选取需要结合下一节中介绍的指标选取原则，在不同尺度下进行指标设计。此外，本节提到的维度层、目标层和指标层可以根据实际的研究对象进行适当调整，具有较强的弹性和延展性。

本书从系统思维的角度出发，将社会、经济、环境要素相关联，构建出区域高质量发展的评价指标体系框架。该"1+7+18+N"的多层次评价体系框架在本质上是一套多标准、多维度的区域高质量发展评价指标体系。该评价体系在指标的选取和多尺度下的取舍过程中，深度剖析指标含义，融合区域自然本底的理念，对生态环境类指标进行修正，力求对区域发展进行全方面的指标选取，以期实现对区域发展质量的更科学判别。本书选取了三个区域尺度，即国家尺度、省域尺度和县域尺度。

本书提出的"1+7+18+N"体系框架，未考虑海洋环境和海防安全问题。未考虑海洋方面的内容主要有两个原因。第一，尽管中国的海岸线狭长，中国东部沿海的省级行政区多达 14 个，但是中国位于内陆的省份更多，难以做到全面评价。第二，海洋生态系统要素众多，例如生物、水质、灾害等，因受到数据获取难度的影响，故本书不做考虑。

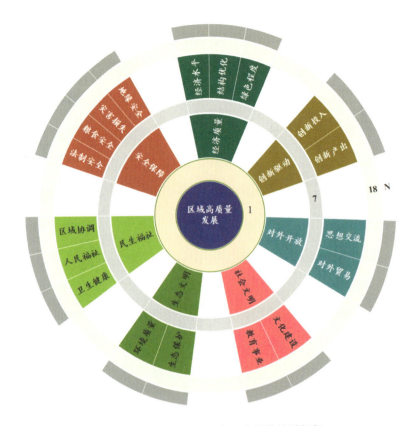

图 3–2 "1+7+18+N"多层次评价体系框架

第三节 指标选取原则

根据前文的综述，本书发现指标选取的方法没有统一的标准，但有多种用于指导指标选取的原则。通过参考可持续发展委员会（The Commission on Sustainable Development）提出的用于指导选取可持续发展评价指标的标准（United Nations, 2007），以及前人的研究工作（Hák *et al.*, 2016），本书在选取中国多尺度区域高质量发展评价的指标时主要涉及以下五项原则。

（1）简洁性原则。选取区域高质量发展评价指标，应该分层次、分维度和分类别逐一地选取，且应避免指标含义重叠。针对不同的层次或类别，选取的指标数量应该适中。如果指标数量过多，不仅会造成工作量成倍增加，而且会造成指标间的相关性增加；如果指标数量过少，则会造成评价结果的偏差性，某个指标的突变会导致整体发展评价的变化。

（2）不重复原则。众所周知，同一个指标可能会表达不同的含义，可以用于区域高质量发展多维度的评价。除 SDGs 评价指标体系外（Sachs *et al.*，2019），意大利、阿根廷（Wang *et al.*，2021）和欧盟（Simon，2019）的可持续发展评价指标体系中也出现过同一指标在多个维度中使用的情况。本书为了避免指标含义的冲突或重复，减少指标的重复使用。

（3）指标的相对量处理原则。在区域间高质量发展评价中，需消除不同区域之间在辖区面积、经济或人口等方面因规模、体量不同而造成的干扰。本书在选取中国多尺度区域高质量发展评价指标时，多采用占比、指数类型的相对量指标，也注意减少使用变化率类型指标，尤其是在长时间序列评价中。这是因为若时间序列上的指标稳定增长，变化率会出现多年数值相同的情况，以熵权法计算指数为例，该状况会影响指标权重或指数的计算（此情况下该指标权重为 0）。

（4）科学性和代表性原则。选取的指标要具有科学性，这是指选取的指标概念要明确、区域间可度量、来源是学术界认可的数据库或官方出版物，并且有长时间序列的数据统计。选取指标一定要具有代表性，是指选取的指标可代表所要衡量的维度或目标，不可出现指标混用的情况。

（5）分维度间的指标数量相当原则。在利用综合指数评价区域发展状况时，每个指标赋予一个权重是其中重要的一步。而当不同维度之间指标数量相差较大的时候，可能会潜在地造成指权数量较多维度的权重增大，最终综合指数结果会有偏差，影响专家和决策者对区域高质量发展现状的判断。

第四节　构建区域高质量发展的多尺度评价指标体系

一、国家尺度

（一）构建中国高质量发展评价指标体系

本书基于"1+7+18+N"多层次评价体系框架和指标选取的原则，构建了中国高质量发展评价指标体系，共包括 7 个维度层、18 个目标层和 63 个指标。

经济质量维度共包括 3 个目标层、8 个指标。具体指标、指标的单位和属性介绍见表 3–1。

表 3–1 国家尺度经济质量维度指标体系

维度	目标	指标（序号）	单位	属性
经济质量	经济水平	全员劳动生产率（E1）	元/人	+
		人均 GDP（E2）	元/人	+
	结构优化	非农产业增加值占比（E3）	%	+
		高技术产业增加值占 GDP 比重（E4）	%	+
	绿色程度	万元 GDP 能耗（E5）	tce/万元	－
		万元 GDP 水耗（E6）	m^3/万元	－
		可再生能源消费占最终能源消费总额比重（E7）	%	+
		单位 GDP 的 CO_2 排放量（E8）	千吨/万元	－

注："+"表示指标为正向，即数值越大越好；"－"表示指标为负向，即数值越小越好。以下同。

创新驱动维度共包括 2 个目标层、8 个指标。具体指标、指标的单位和属性介绍见表 3–2。

表 3–2 国家尺度创新驱动维度指标体系

维度	目标	指标（序号）	单位	属性
创新驱动	创新投入	R&D 支出占 GDP 比重（In1）	%	+
		人均知识产权使用费支出（In2）	美元/万人	+
		每万人拥有国外技术引进合同金额（In3）	美元/人	+
		每万人 R&D 人员全时当量（In4）	万人·年	+
	创新产出	人均知识产权使用费收入（In5）	美元/人	+
		每万人发明专利授权量（In6）	件/万人	+
		每万人发表科技论文数（In7）	篇/万人	+
		技术市场成交额占 GDP 比重（In8）	%	+

对外开放维度共包括 2 个目标层、8 个指标。具体指标、指标的单位和属性介绍见表 3–3。

表 3–3　国家尺度对外开放维度指标体系

维度	目标	指标（序号）	单位	属性
对外开放	思想交流	来华留学生数（O1）	人	＋
		中国出国留学人员数量（O2）	人	＋
		参加国外科技活动人数（O3）	人次	＋
		接待国外学术专家（O4）	人次	＋
	对外贸易	人均货物进出口总额（O5）	美元/人	＋
		人均对外经济合作合同金额（O6）	美元/人	＋
		平均关税水平（O7）	％	－
		境内外上市公司数 B 股 H 股（O8）	家	＋

社会文明维度共包括 2 个目标层、8 个指标。具体指标、指标的单位和属性介绍见表 3–4。

生态文明维度共包括 2 个目标层、8 个指标。具体指标、指标的单位和属性介绍见表 3–5。

民生福祉维度共包括 3 个目标层、12 个指标。具体指标、指标的单位和属性介绍见表 3–6。

表 3–4　国家尺度社会文明维度指标体系

维度	目标	指标（序号）	单位	属性
社会文明	文化建设	每万人拥有公共图书馆藏量（S1）	册/万人	＋
		每万人拥有群众文化设施建筑面积（S2）	m²/万人	＋
		每万人群众艺术馆文化馆组织文艺活动次数（S3）	次/万人	＋
		中国非物质文化遗产数（S4）	个	＋
	教育事业	教育经费支出占 GDP 比重（S5）	％	＋
		普通高校生师比（教师＝1）（S6）	/	－
		普通高中学校生师比（教师＝1）（S7）	/	－
		义务教育学校生师比（教师＝1）（S8）	/	－

表 3–5 国家尺度生态文明维度指标体系

维度	目标	指标（序号）	单位	属性
生态文明	生态保护	节能环保支出占 GDP 比重（Ec1）	%	+
		自然保护地面积占辖区面积比重（Ec2）	%	+
		水土流失治理强度（Ec3）	km²	+
		环境污染治理投资总额占 GDP 比重（Ec4）	%	+
	环境质量	地表水水质优良比例（Ec5）	%	+
		PM2.5 浓度（Ec6）	ug/m³	—
		化肥施用强度（Ec7）	t/hm²	—
		植被恢复潜力（Ec8）	/	—

安全保障维度共包括 4 个目标层、11 个指标。其中，具体指标以及指标的单位和属性介绍见表 3–7。

以上表格中的内容是对中国高质量发展评价指标体系的 7 个维度层、18 个目标层和 63 个指标的具体展示，每个维度下的指标具有不同的含义，下节内容将对指标的具体含义进行详细解读。本书还通过对 63 个指标进行两两相关的相关性分析，以尝试去除指标间的信息冗余或重复。本书计算指标间相关性的方法是利用 Pearson 相关性分

表 3–6 国家尺度民生福祉维度指标体系

维度	目标	指标（序号）	单位	属性
民生福祉	卫生健康	每千人卫生技术人员数（H1）	人/千人	+
		每千人医疗卫生床位数（H2）	张/千人	+
		卫生支出占 GDP 比重（H3）	%	+
		农村卫生厕所普及率（H4）	%	+
		预期寿命（H5）	岁	+
	人民福祉	人均公园绿地面积（H6）	m²/人	+
		参加基本养老保险人数占比（H7）	%	+
		弱势群体就业率（占所有就业人员）（H8）	%	+
		城镇登记失业率（H9）	%	—
	区域协调	城乡收入比（农村=1）（H10）	/	—
		基尼系数（H11）	/	—
		交通设施网络密度（铁路和高等级公路）（H12）	km/km²	+

表 3-7　国家尺度安全保障维度指标体系

维度	目标	指标（序号）	单位	属性
安全保障	法制安全	每万人律师工作人员数（Sa1）	人/万人	+
		每万人公安机关立案刑事案件数（Sa2）	起/万人	—
		每万人公安机关受理治安案件数（Sa3）	起/万人	—
	粮食安全	农药使用强度（Sa4）	t/hm^2	—
		人均粮食产量（Sa5）	kg/人	+
		食品类居民消费价格指数（上年=100）（Sa6）	/	+
	灾害损失	（自然和地质）灾害直接经济损失占 GDP 比重（Sa7）	%	—
		（自然和地质）灾害受灾人数占总人数比重（Sa8）	%	—
	地缘安全	其他国家对中国的冲突事件占国际冲突事件比例（Sa9）	%	—
		其他国家与中国的合作事件占国际合作事件比例（Sa10）	%	+
		一般公共预算支出中援助其他地区支出占比（Sa11）	%	+

注："+"表示指标为正向，即数值越大越好；"—"表示指标为负向，即数值越小越好。

析，计算软件为 SPSS。用于去除高信息冗余指标的判断条件为三个：第一，如果两个指标的相关性在 0.10 条件下显著，其相关性系数大于 0.80 的，被认为指标间具有较大的正负相关性；第二，对具有较大正负相关性指标，再用主观判断是否有必要保留；第三，通过指标含义解读，避免指标含义交叉。根据结果，最终本书对国家尺度的 63 个指标未做删减，全部用于国家尺度的评价。

（二）指标解读

中国高质量发展评价指标体系中的 63 个指标所代表的含义，从以下七个维度进行解读。

经济质量维度方面，全员劳动生产率是国内生产总值与从业人员数的比值，用于直接衡量国家的经济产出效率；人均 GDP 用于表达人均经济规模，可以有效地衡量区域的经济发展水平高低；非农产业增加值占比用于衡量国家的经济结构水平，主要代表第二产业和第三产业的发展程度；高技术产业增加值占 GDP 比重用于衡量区域高新技术产业水平；万元 GDP 能耗和万元 GDP 水耗代表国家经济生产的能耗和节能程度；可再生能源消费占最终能源消费总额比重用于衡量国家能源消费的结构；单位 GDP 的 CO_2 排放量表征国家经济发展过程中的排放问题。

创新驱动维度方面，R&D 支出占 GDP 比重表示国家对科研的资金投入程度；人均知识产权使用费支出是衡量区域市场化知识价值创造能力的核心指标之一，反映技术创新的强度；每万人拥有国外技术引进合同金额代表学习国外技术的程度；每万人 R&D 人员全时当量代表国家从事科研工作的人才规模；人均知识产权使用费收入代表国内知识产权的经济转化能力；每万人科技论文发文量和技术市场成交额占 GDP 比重均代表国家的科技产出水平；每万人发明专利授权量指标表示区域科研创新成果产出程度。

对外开放维度方面，来华留学生数和中国出国留学人员数量都从留学生的角度衡量国内外的思想交流状况；参加国外科技活动人数和接待国外学术专家是从专家或科研工作者层面衡量中国与外国的思想交流情况；人均货物进出口总额和人均对外经济合作合同金额反映中国与外国的物流交易状况；平均关税水平衡量国家的对外贸易程度；境内外上市公司数代表国内与国外金融市场的融合程度。

社会文明维度方面，每万人拥有公共图书馆藏量代表区域文化思想的传播程度；每万人拥有群众文化设施建筑面积和每万人群众艺术馆文化馆组织文艺活动次数都代表群众参与文化活动的可能性；中国非物质文化遗产数代表国家民族自信程度；教育经费支出占 GDP 比重代表国家对教育事业的经济支持程度；普通高校生师比、普通高中学校生师比和义务教育学校生师比是从不同的教育阶段衡量学校的师资力量水平。

生态文明维度方面，节能环保支出占 GDP 比重反映国家对环保的经济投入程度；自然保护地面积占辖区面积比重代表国家对重点生态功能区的保护程度；水土流失治理强度和环境污染治理投资额占 GDP 比重反映了国家对环境污染的治理力度；地表水水质优良比例表示地表水的污染程度；PM2.5 浓度表示空气污染程度；化肥施用强度代表土壤的污染程度；植被恢复潜力代表中国的植被破坏情况。

植被恢复潜力指标是本书提出的具有创新性的指标，通过考虑区域自然本底状况，从而确定区域植被覆盖的潜力值，以此判断区域内植被恢复的能力高低。因为本书认为区域植被最本真的生长情况，是最符合区域自然生态状况的最佳植被覆盖水平，应当是区域内植被覆盖的最高潜力值（因此在本书中，植被恢复潜力是负向指标）。在省域和地级市尺度的研究中，中国不同省级单元之间或地级市单元之间的地理区位差异较大，自然特征、生态环境差异较大，可能造成区域间生态环境水平缺乏可比性，进而影响区域间评价的有效性，而且难以体现人类生态修复工程的效果。因此，不能片面做出生态环境指标表现差的地区，生态环境保护状况就不好的论断。本书提出的基于自然本底思想构建的植被恢复潜力指标，综合了当前环境状况、人为保护效果，以及环境的原真本底状况，可解决以上问题。

民生福祉维度方面，每千人卫生技术人员数和每千人医疗卫生床位数代表区域的医疗水平；卫生支出占 GDP 比重代表区域在卫生健康方面的财政支持；农村卫生厕所普及率代表农村环境卫生的状况；预期寿命代表区域平均寿命；人均公园绿地面积表示城市休闲娱乐场所面积；参加基本养老保险人数占比和弱势群体就业率代表特殊人群的保障程度；城镇登记失业率代表区域的整体就业水平；城乡收入比和基尼系数表示区域的发展不平衡程度；交通设施网络密度代表区域间的联系程度，主要指铁路、高速公路和国道的路线长度，反映交通路线的数量情况。

安全保障维度方面，每万人律师工作人员数代表区域法律援助水平；每万人公安机关立案的刑事案件数和每万人公安机关受理的治安案件数均表示区域的治安水平；农药使用强度代表粮食等农产品的化学药物污染程度；人均粮食产量衡量区域的粮食供给能力；食品类居民消费价格指数代表区域食品的价格安全；（自然和地质）灾害直接经济损失占 GDP 比重和灾害受灾人数占总人数比重均反映区域抗震救灾的能力；其他国家对中国的冲突事件占国际冲突事件比例和其他国家对中国的合作事件占国际合作事件比例，代表中国在国际交流中受到冲突和合作的程度；一般公共预算支出中援助其他地区的支出占比代表一区域对其他地区的帮扶程度。

二、省级行政区尺度

（一）构建省域高质量发展评价指标体系

本书根据区域高质量发展"1+7+18+N"多层次评价体系框架，以及指标最大可获取性原则，再根据省域差异的特殊情况，对框架的目标层进行细微调整，最终构建了省域高质量发展评价指标体系。具体的调整有一处，删除了"安全保障"维度下的"地缘安全"目标。该目标层在省域尺度评价中不适用的原因主要有两个。第一，省域尺度的高质量发展评价，主要是用于衡量各省的发展程度和省域之间的发展差异。第二，地缘安全一般是针对国家尺度，强调大国博弈、大国竞争和国际地位，获取省份关于地缘安全的数据难度较大。

省域高质量发展评价指标体系共包含 7 个维度层、17 个目标层和 50 个指标。不同维度的目标层和指标层有所差异，表 3–8 对 7 个维度的指标体系情况进行详细介绍。其中经济质量维度包含 3 个目标层、7 个指标；创新驱动维度包括 2 个目标层、7 个指标；对外开放维度包括 2 个目标层、7 个指标；社会文明维度包括 2 个目标层、7 个指标；生态文明维度包括 2 个目标层、7 个指标；民生福祉维度包括 3 个目标层、8 个指标；安全保障维度包括 3 个目标层、7 个指标。与国家尺度的指标信息冗余判断处理方式一样，在相关性分析的基础上进行主观判断，并结合指标含义的解读，以避免指标的信息冗余和关系交叉。

表 3–8　省域尺度高质量发展评价指标体系

维度	目标	指标（序号）	单位	属性
经济质量	经济水平	全员劳动生产率（E1）	元/人	+
		人均 GDP（E2）	元/人	+
	结构优化	非农产业增加值占比（E3）	%	+
		高技术产业增加值占 GDP 比重（E4）	%	+
	绿色程度	万元 GDP 能耗（E5）	tce/万元	—
		万元 GDP 水耗（E6）	m^3/元	—
		单位 GDP 的 CO_2 排放量（E7）	t/万元	—
创新驱动	创新投入	R&D 经费内部支出占 GDP 的比重（In1）	%	+
		每万人 R&D 人员全时当量（In2）	万人·年	+
		每万人科普专题活动参加人数（In3）	人/万人	+
		每万人拥有国外技术引进合同金额（In4）	美元/人	+
	创新产出	每万人发明专利授权量（In5）	件/万人	+
		技术市场成交额占 GDP 的比重（In6）	%	+
		每万人专利申请数（In7）	个/万人	+
对外开放	思想交流	国际旅游人数（O1）	万人次	+
		每万人在境外从事劳务合作人数（O2）	人/万人	+
	对外贸易	人均货物进出口总额（O3）	美元/人	+
		人均实际使用外资金额（O4）	美元/人	+
		人均外商投资企业进出口总额（O5）	美元/人	+
		每万人对外承包工程营业额（O6）	美元/人	+
		每万人国际旅游收入（O7）	美元/人	+

续表

维度	目标	指标（序号）	单位	属性
社会文明	文化建设	每万人拥有公共图书馆藏量（S1）	册/万人	＋
		中国非物质文化遗产数（S2）	个	＋
		每万人拥有群众文化设施建筑面积（S3）	m²/万人	＋
		每万人群众艺术馆文化馆组织文艺活动次数（S4）	次/万人	＋
	教育事业	教育经费占 GDP 比重（S5）	％	＋
		普通高校生师比（教师＝1）（S6）	/	－
		义务教育阶段生师比（教师＝1）（S7）	/	－
生态文明	生态保护	自然保护地面积占辖区面积比重（Ec1）	％	＋
		水土保持程度（Ec2）	％	＋
		工业污染治理投资完成额占 GDP 比重（Ec3）	％	＋
	环境质量	地表水水质优良比例（Ec4）	％	＋
		PM2.5 浓度（Ec5）	μg/m³	－
		化肥施用强度（Ec6）	t/hm²	－
		植被恢复潜力（Ec7）	/	＋
民生福祉	卫生健康	每万人卫生技术人员数（H1）	人/万人	＋
		每万人医疗卫生床位数（H2）	张/万人	＋
		卫生支出占 GDP 比重（H3）	％	＋
		农村卫生厕所普及率（H4）	％	＋
	人民福祉	人均公园绿地面积（H5）	m²/人	＋
		城乡居民基本养老保险人数占总人数比重（H6）	％	＋
	区域协调	城乡收入比（农村＝1）（H7）	/	－
		交通设施网络密度（铁路和高等级公路）（H8）	km/km²	＋
安全保障	法治安全	每万人律师工作人员数（Sa1）	人/万人	＋
		政府透明度（Sa2）	分	＋
	粮食安全	农药使用强度（Sa3）	t/hm²	－
		人均粮食产量（Sa4）	kg/人	＋
		食品类居民消费价格指数（上年＝100）（Sa5）	/	－
	灾害损失	（自然和地质）灾害直接经济损失占 GDP 比重（Sa6）	％	－
		（自然和地质）灾害受灾人数占总人数比重（Sa7）	％	－

注："＋"表示指标为正向，即数值越大越好；"－"表示指标为负向，即数值越小越好。

（二）指标解读

省域高质量发展评价指标与国家尺度的指标基本类似，相同的指标共有40个，占省域高质量发展评价指标的80%。下面针对与中国高质量发展评价指标体系不同的10个指标（分属于四个维度），以维度为单位详细解读指标含义。

创新驱动维度方面，每万人科普专题活动参加人数代表科普工作的投入和宣传力度；每万人专利申请数代表区域的创新产品产出效果。对外开放维度方面，国际旅游人数代表国内人口出国了解国外思想文化的机会；每万人在境外从事劳务合作人数反映国内从业人员在境外接触技术和文化的机会；人均实际使用外资金额表示国外投资人对国内的投资程度；人均外商投资企业进出口总额反映中外合资和外商独资企业的经营能力；每万人对外承包工程营业额反映国内商人对外投资的积极性；每万人国际旅游收入反映国外人口到国内旅游接触国内文化的机会。生态文明维度方面，水土保持程度表示为水土流失治理面积的比重，反映累计治理水土流失面积的大小。安全保障维度方面，政府透明度指标反映政府执政能力、社会的法制安定程度等社会安全问题，通过透明度观察检验中国各省的法治发展。

三、县级行政区尺度

（一）构建县域高质量发展评价指标体系

本书采用"自上而下"和"自下而上"相结合的方法构建县域高质量发展评价指标体系。首先，自上而下是指基于"1+7+18+N"多层次评价体系框架，确定指标体系的7个维度层；其次，考虑到县域数据获取难度大，本书采用了自下而上的方法，该方法是指根据所能搜集到的统计数据和空间数据，与7个维度层进行一一对应。最终，本书构建了包含7个维度层、15个指标层的青藏高原县域高质量发展评价指标体系（表3–9）。县域指标仍是以"1+7+18"框架为基础，与国家、省域尺度的指标体系均具有相同的构建思路，但对框架进行了两方面的修改。第一，去除目标层的指标体系设计。第二，根据县域指标的具体含义，本书又反向修改了维度层，使其能够更加准确地反映指标的含义。此外，本书将"对外开放"维度和"安全保障"两个维度修改为"对外联系"维度和"粮食安全"维度。

表 3–9　青藏高原县域高质量发展评价指标体系

系统	维度	指标（序号）	单位	属性
区域高质量发展	经济质量	人均 GDP（E1）	元/人	+
		非农产业增加值占比（E2）	%	+
		单位 GDP 的 CO_2 排放量（E3）	t/万元	−
	创新驱动	每万人从事科学研究人数（In1）	人/万人	+
		每万人本科学历以上人数（In2）	人/万人	+
	对外联系	路网密度（铁路和高等级道路）（O1）	km/km²	+
		交通干线影响度（O2）	/	+
	社会文明	每万人中小学在校生人数（S1）	人/万人	+
		人均农业机械总动力（S2）	kW·h/人	+
	生态文明	植被增长率（基准年 1950 年）（Ec1）	%	+
		单位 GDP 的 PM2.5 排放量（Ec2）	t/亿元	−
	民生福祉	人均居民储蓄存款余额（H1）	万元/人	+
		每万人医疗卫生机构床位数（H2）	张/万人	+
	粮食安全	人均粮食产量（Sa1）	t/人	+
		人均肉类产量（Sa2）	t/人	+

注："+"表示指标为正向，即数值越大越好；"−"表示指标为负向，即数值越小越好。

（二）指标解读

县域高质量发展评价指标与国家、省域尺度的指标相同者较少，而相同的指标主要属于县域高质量发展评价指标体系的经济质量维度、对外联系维度和粮食安全维度。相同的指标有五个，分别是经济质量维度中的人均 GDP、非农产业增加值占比和单位 GDP 的 CO_2 排放量；对外联系维度中的路网密度；粮食安全维度中的人均粮食产量。尽管县域高质量发展评价指标体系与国家尺度、省域尺度的指标体系在指标数量上相差较多，但指标所表达的维度内涵基本相同。

县域高质量发展评价指标中与国家尺度、省域尺度的评价指标不同的有 10 个，其含义解读如下。创新驱动维度方面，每万人从事科学研究人数和每万人本科学历以上人数反映县域的创新能力。对外联系维度方面，交通干线影响度是参考金凤君等（2008）的工作进行的计算，用于反映县域之机场、铁路、公路、口岸等重点交通的质量状况。

社会文明维度方面，每万人中小学在校生人数反映县域的教育水平，包括普通小学、普通初中和高中三种教育阶段的师资状况；人均农业机械总动力反映县域农业的机械化水平，机械化生产水平越高，区域的社会文明层次越高。生态文明维度方面，植被（林地和草地）增长率（基准年 1950 年）反映基于自然本底情况下的县域林地和草地的变化情况。单位 GDP 的 PM2.5 排放量反映了县域的环境污染情况，主要指空气污染。民生福祉维度方面，人均居民储蓄存款余额反映县域的人民生活水平，主要体现居民生活的幸福感和获得感；每万人医疗卫生机构床位数代表县域医疗水平，提高医疗卫生服务水平是当前使居民生活健康的重要途径。粮食安全维度方面，人均粮食产量和肉类产量均反映县域的自给水平，考虑到青藏高原的居民食肉情况十分普遍，本书中增加肉类产量指标。

陈军等（2019）曾提出要增加基于地理信息的指标，其中联合国提出的 SDGs 评价框架中大约有 15 个指标是直接利用地理信息得到的，体现了地理信息指标应用逐渐广泛的趋势。地理信息指标以其时间和空间分辨率均较高的优点，被地理学者广泛地接受和应用。本书构建的青藏高原县域高质量发展评价指标体系中直接或间接由地理信息计算得来的指标有 5 个，约占全部指标的 33%。

第五节　小结

本章通过深度剖析当前社会发展的主要问题，尽量贴合国内外学者对高质量发展的理解，结合地域分异理论，引入区域差异化的思想，提出了区域高质量发展的概念，并对区域高质量发展的内涵进行分析。本章指出区域高质量发展的具体内涵包含七大内容，即经济质量、创新驱动、对外开放、社会文明、生态文明、民生福祉和安全保障。

基于区域高质量发展内涵的七大内容，以及七大内容的具体含义，本章构建了区域高质量发展的多层次评价体系框架，即"1+7+18+N"评价体系。其中，"1"是指区域高质量发展这一系统；"7"是指区域高质量发展的 7 个维度；"18"是指由 7 个维度所划分出的 18 个具体目标；"N"是指具体的指标。基于本书规定的指标选取原则，本章分别针对国家尺度、省域尺度和县域尺度，对"1+7+18+N"多层次评价体系框架进行了细化，并对不同尺度评价体系的具体指标进行了含义解读。

第四章 区域发展质量评价的综合指数分析框架

科学、系统的数学算法能够有助于揭示区域发展的质量状况。本章融合四种算法提出一套综合全面的区域发展质量评价分析框架。该框架融合综合指数计算、时间分析、空间分析和驱动力分析四部分，以下将详细介绍具体的算法功能和计算步骤。

第一节 区域发展质量评价的综合指数分析框架

在区域高质量发展评价指标体系的基础上，本书进行多种综合指数计算和分析方法的融合，以求得到更科学、更客观的定量化评价结果。本书提出的区域发展质量综合指数分析框架主要包含四部分：

① 基于熵权法的综合指数计算；

② 基于时间约束聚类方法的时间阶段划分；

③ 基于自组织映射神经网络的空间分区；

④ 基于突变级数法的障碍因素分析。

首先，基于熵权法的综合指数模型，通过耦合多指标，计算得到综合发展指数和多维度发展指数，该指数水平可以衡量区域的发展状态。其次，利用时间约束聚类方法和自组织映射神经网络方法，针对综合发展指数和多维度发展指数，分别从时间和空间的角度进行区域发展质量变化的规律判别。最后，基于突变级数法的障碍因素分析，解释影响区域发展的负向驱动力因素。本书在区域发展质量综合指数分析框架中，创新性地引入时间约束聚类方法用于时间分段，以达到在时间分段分析结果时更加客观的目的。

第二节　基于熵权法的综合指数计算策略

在计算综合指数之前，需要使用特定方法来计算指标的权重。为了评估区域发展的状况，科学的研究方法至关重要。本书选取熵权法（Shannon，1948）计算指标权重，主要有三个原因。第一，政府决策者可能对每一个指标或维度的重要性持有不同的观点，因此等权重的处理方法不适合本书的研究情况。第二，主观赋权重的方法可能由于专家学者的不同观点导致权重的差异较大，而且指标、区域和尺度较多，专家为指标赋权的难度较大。第三，熵权法已被广泛应用且技术成熟，由于其自身是根据数据本身的变化波动特征计算指标的权重，容易操作且过程透明度高。

在熵权法的综合指数模型应用过程中，假设有 i 个指标（i=1、2、3、…n），每个指标有 j 年（j=1、2、3、…m）的连续数据（或同年份内的多个研究区域），x_{ij}代表第 i 个指标第 j 年或第 j 个区域的原始值。计算过程有如下四个步骤（Gao $et\ al.$，2020）。

第一，通过指标的标准化处理消除指标的量纲。根据指标的属性，将其分为正向和负向。

当指标属性是正向时，标准化公式为：

$$R_{ij} = \frac{x_{ij} - min(x_{ij})}{max(x_{ij}) - min(x_{ij})} \tag{式 4-1}$$

当指标属性是负向时，标准化公式为：

$$R_{ij} = \frac{max(x_{ij}) - x_{ij}}{max(x_{ij}) - min(x_{ij})} \tag{式 4-2}$$

其中，R_{ij} 表示 x_{ij} 的标准化数值。$min(x_{ij})$ 和 $max(x_{ij})$ 表示所有 x_{ij} 中的最小值和最大值。

第二，在数据标准化之后，计算 R_{ij} 占 R_{ij} 总和的比例。公式为：

$$f_{ij} = \frac{R_{ij}}{\sum_{j}^{m} R_{ij}} \tag{式 4-3}$$

第三，根据 f_{ij} 的值，熵的计算公式为：

$$h_i = -k \sum_{j=1}^{m} f_{ij} \times \ln f_{ij} \qquad （式 4-4）$$

$$k = \frac{1}{\ln m} \qquad （式 4-5）$$

其中，h_i 代表每个指标的熵。

第四，根据指标之间的熵，确定权重。不同指标的权重计算公式为：

$$w_i = \frac{1 - h_i}{\sum_{i=1}^{n} (1 - h_i)} \qquad （式 4-6）$$

其中，w_i 代表每个指标的权重。

根据公式 4-6 中指标的权重和公式 4-1、4-2 中的标准化值，本书计算了区域高质量发展的综合指数。区域高质量发展综合指数的计算使用了加权和的方法。计算公式为：

$$E_j = \sum_{i=1}^{n} w_i \times R_{ij} \qquad （式 4-7）$$

其中，E_j 代表第 j 个年份或第 j 个区域的高质量发展综合指数。

此外，根据区域高质量发展评价指标体系，七个维度的发展指数的计算公式如下：

$$E_{j(ec)} = \sum_{i=1}^{n_{ec}} w_{i(ec)} \times R_{ij(ec)} \qquad （式 4-8）$$

$$E_{j(in)} = \sum_{i=n_{ec}+1}^{n_{in}} w_{i(in)} \times R_{ij(in)} \qquad （式 4-9）$$

$$E_{j(op)} = \sum_{i=n_{in}+1}^{n_{op}} w_{i(op)} \times R_{ij(op)} \qquad （式 4-10）$$

$$E_{j(s)} = \sum_{i=n_{op}+1}^{n_s} w_{i(s)} \times R_{ij(s)} \qquad （式 4-11）$$

$$E_{j(en)} = \sum_{i=n_s+1}^{n_{en}} w_{i(en)} \times R_{ij(en)} \qquad （式 4-12）$$

$$E_{j(hu)} = \sum_{i=n_{en}+1}^{n_{hu}} w_{i(hu)} \times R_{ij(hu)} \qquad （式4-13）$$

$$E_{j(sa)} = \sum_{i=n_{hu}+1}^{n_{sa}} w_{i(sa)} \times R_{ij(sa)} \qquad （式4-14）$$

其中，$E_{j(ec)}$、$E_{j(in)}$、$E_{j(op)}$、$E_{j(s)}$、$E_{j(en)}$、$E_{j(hu)}$、$E_{j(sa)}$ 分别代表经济质量、创新驱动、对外开放、社会文明、生态文明、民生福祉和安全保障七个维度的发展指数，n_{ec}、n_{in}、n_{op}、n_s、n_{en}、n_{hu}、n_{sa} 表示这七个维度的指标数量。

通过上述计算步骤可知，熵权法是根据数据波动的大小来确定指标权重的。指标数据波动越大，离散程度越大，指标受外界影响越敏感，指标对区域发展的贡献程度越大，从而该指标的权重越大；反之，指标的权重越小。

区域高质量发展综合指数代表区域的高质量发展水平或程度，区域高质量发展的不同维度发展指数代表了区域不同维度的发展水平或程度。此外，针对本书多尺度评价区域高质量发展时空状况的特殊性，在应用熵权法计算指标权重时，需分两种情况进行运算。第一，针对时间评价，即在特定区域，对多年的发展状况评价，该情况下 j 代表年份。而该情况下得到的综合指数，在不同区域之间是不可比的，因为不同区域的指标权重是不同的。第二，针对空间评价，即在特定年份，对多个区域的发展状况进行评价，该情况下 j 代表区域。在此情况下得到的综合指数，同一个区域在不同年份之间是不可比的，因为不同年份之间的指标权重是不同的。

第三节　基于时间约束聚类方法的时间分段策略

社会经济发展中各种政策实施后，所起到的效果可能具有一定的滞后效应。而在人文地理学研究过程中，经常利用时间分段的方式，对区域发展过程的特征进行研究，该方式不仅能够较大程度地抵消政策发展带来的滞后效应，而且能够有效地分辨出空间上区域发展的变化特征。根据第二章中的相关研究综述，当前研究中，在时间序列上利用综合指数进行时间分段的方法难以应对大样本量的情况，并且主观性较强，而有序聚类的方法能够很好地根据数据本身的变化特点，解决大样本量、多个属性数据在时间序列上的分类问题，可以反映基本的阶段特征。

本书采用地层约束聚类方法（stratigraphically constrained cluster analysis）进行研究区内样本的时间约束聚类分析。地层约束聚类方法是一种科学、定量划分地层分带的有序聚类方法。不同于普通的层次聚类，为保证样本聚类结果的连续性，地层约束聚类方法只将相邻的地层或类别进行合并，该特点使其广泛应用于地层孢粉等植物学、生态学领域（宋长青等，1996；杨志荣等，1997）的有序样本分析中。其主要思想是将每个变量看成单独的一类，然后根据合并后类内方差增量最小的原则和相邻合并的约束条件进行凝聚聚类，直到所有样本聚成一类（Grimm，1987）。本书创新性地将地层约束聚类方法应用到人文要素样本的时间序列分段分析中，根据聚类结果可以进行时间序列分段（陈小强等，2019；Wang *et al.*，2020d；王翔宇等，2021a；陈小强等，2021）。其公式如下：

将第 p 类的类内离差平方和定义为 D_p：

$$D_p = \sum_{i=1}^{n_p} \sum_{j=1}^{m} \left(x_{pij} - \bar{x}_{pj} \right)^2 \qquad （式4-15）$$

式中，n_p 为第 p 类包含的样本数量，即时间段内的年份数；m 为变量数，在本书中为不同维度下的综合指数数量；x_{pij} 为第 p 类第 i 个样本的第 j 个变量的观测值，即 p 阶段内第 i 年的第 j 个变量的指标（在本书中即经济密度）；$\bar{x}_{pj}$ 为 p 类中变量 j 观测值的平均值，也即变量 j 在 p 阶段内的多年平均值。

将样本划分为 k 类后的总离差平方和为 D：

$$D = \sum_{p=1}^{k} D_p \qquad （式4-16）$$

若将相邻的第 p 类和第 q 类合并，组成新的第 pq 类，总类内离差平方和增量为 I_{pq}：

$$I_{pq} = D_{pq} - D_p - D_q \qquad （式4-17）$$

每次合并时，选择合并后方差增量 I_{pq} 最小的两类进行合并，直到最后合并成一类。使用树状图进行聚类的过程展示，对树状图在不同层次进行分割，可以得到不同相似度水平下的分类结果。该方法的应用主要在 Tilia 软件中进行操作。总之，其基本思想是针对多维时间序列数据，在普通的凝聚层次聚类中添加相邻合并的约束条件，聚类过程中只能将相邻的类别合并，保证样本聚类结果的连续性，根据聚类结果划分时间阶段。在具体应用方面，本书是将 30 个省份在 1999—2019 年七大维度上的发展指数作为输入样本，利用时间约束聚类方法进行时间聚类，最终得到树状图的聚类结果进行阶段识别。

第四节　基于自组织映射神经网络（SOM）的空间分区策略

　　根据综合指数进一步诊断区域之间的发展情况，需要结合综合指数对区域进行空间聚类，以便分析空间上的分布特征。当前根据综合指数进行空间分区的方式主要有三种。第一，根据综合指数的临界点将区域划分为多个级别。在临界点的选取上，主要依靠决策者对社会经济发展趋势的一般认知，例如在 0 至 1 之间等距离或特殊阈值分段（Yu *et al.*, 2010），或者构建二维坐标系进行分级（Zhou *et al.*, 2015b）。此类特殊值分段的方法具有理论简单、操作简洁的特点，但是主观性太强，容易忽略不同区域的实际发展特点。第二，根据国内外针对某些指标的发展情况，设置指标的分级阈值。该方法主要参考贝塔斯曼基金会和联合国可持续发展解决方案网络发布的《SDG指数和指示板》（Sachs *et al.*, 2018）。将每个指标根据各国或区域的分值划分为四段。第三，利用自然断点法进行指数的分级处理（杨宇等，2019）。该方法能够根据数据的分布特点进行分段，但需要提前设定分段数或者通过方差拟合优度判断分段数。

　　本书采用自组织映射神经网络（self-organizing map，SOM）算法，对区域的发展状况进行空间分区。SOM 算法是由芬兰学者戴沃·科霍宁（Teuvo Kohonen）提出的（Kohonen，1997），利用拓扑特征实现将多维输入低维输出的映射，其又称为自组织特征映射网络（self-organizing feature map，Fei *et al.*, 2017），是一种用于非监督分类的人工神经网络（Peng *et al.*, 2019）。其原理是根据输入样本不断调整神经元上的权重向量，使得样本之间的数值关系转化为神经元之间的"空间"关系。SOM 算法包括样本层和输出层，样本层即输入样本，输出层即输出的分类结果，其中的不断迭代是指不断调整神经元上的权重过程。SOM 算法具有以下两个特点：第一，SOM 算法是一种非监督分类算法，被广泛应用在功能分区领域（毛祺等，2019）；第二，基于数据之间的具体特征进行分类，适用于数据复杂、数据量多和数据特征不显著的指标数据，且避免主观性带来的分类误差。

　　本书对某年份中区域高质量发展综合状况进行空间区分时，将该年份下各区域在七大维度上的发展指数作为样本输入 SOM 算法中，进行学习训练，迭代训练次数设置为 1 万次，聚类数设置为 2～6，逐次加 1，最终得到区域高质量发展的分类情况，根据目视解译的方法选择最终的分类数目。此外，对于某年份下各区域七大维度的发展状况进行空间分区时，利用各区域下属的目标层发展指数或指标层的发展指数作为样本输入 SOM 算法中，进行迭代训练，最终得到区域空间分区结果。

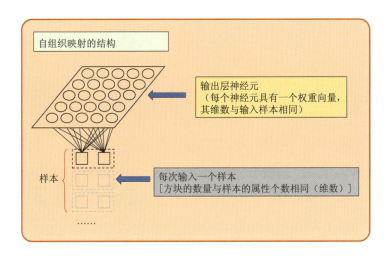

图 4-1　SOM 算法的自组织映射结构

第五节　基于突变级数法的障碍因素分析策略

根据综合指数判定区域高质量发展阶段状况后，本书采用基于突变级数法的障碍诊断模型筛选阻碍区域高质量发展的因素。基于突变级数法的障碍诊断模型由突变级数法（Zhang *et al.*，2021）和障碍诊断模型共同组成，被广泛应用于区域发展分析、工程分析等问题（陈晓红、杨立，2013）。突变级数法能够充分考虑指标间的相对重要性，既能避免主观干扰，又能合理地评价目标。该方法分为四个步骤（Guo *et al.*，2018；赵宏波等，2015）。

（1）构建一个层次结构的突变级数指标体系，即本书的区域高质量发展评价指标体系。

（2）确定每个维度层的突变类型。突变类型是通过突变理论将社会和自然界中的不连续、突变的现象进行归纳分类，当系统为由不超过 4 个自变量的函数决定的系统时，共有七种初等突变类型（Zeeman，1976），再通过多维的几何形状和数学函数（势函数）进行表示。

（3）计算指标的偏离度。计算公式为：

$$I_{ij} = 1 - R_{ij} \qquad\qquad （式 4-18）$$

式中，I_{ij} 表示第 j 个年份或第 j 个区域在第 i 个指标上距离目标 1 的程度（Sun *et al.*，2022），即指标的偏离度（Fan and Fang，2020）。

（4）利用归一公式计算指标的障碍水平（Cheng *et al.*，2018）。指标障碍水平越大，表明该指标阻碍推进区域发展目标的能力也就越大。突变系统中，表达系统状态和外部环境关系的势函数中存在两种变量，分别是状态变量和控制变量。影响系统的外部条件称为控制变量，即指标，用其连续变化刻画突变的基本过程。系统的内部指标称为状态变量，即维度，其几乎处于连续状态，只有在少数临界点上会发生突变、跳跃，以此来刻画系统的演化过程。归一公式是利用势函数转换得到的计算指标障碍水平的公式，u、v、w、t 代表指标的偏离度。其中最常用的初等突变类型有四种，表 4-1 中将该四种初等突变类型的势函数和归一公式进行展示（Zhang *et al.*，2017）。

表 4-1　常见初等突变类型的势函数和归一公式

初等突变类型	控制变量数	状态变量数	势函数	归一公式
折叠突变	1	1	$x^3 + ux$	$x_u = \sqrt{u}$
尖点突变	2	1	$x^4 + ux^2 + vx$	$x_u = \sqrt{u}, x_v = \sqrt[3]{v}$
燕尾突变	3	1	$x^5 + ux^3 + vx^2 + wx$	$x_u = \sqrt{u}, x_v = \sqrt[3]{v}, x_w = \sqrt[4]{w}$
椭圆脐点突变	4	1	$x^6 + ux^4 + vx^3 + wx^2 + tx$	$x_u = \sqrt{u}, x_v = \sqrt[3]{v}, x_w = \sqrt[4]{w}, x_t = \sqrt[5]{t}$

注：状态变量即 x，控制变量即 u、v、w、t。

（5）根据指标的障碍水平，计算维度层的障碍水平。从指标障碍水平汇总到维度层障碍水平需要遵循两个原则。第一，非互补原则。同一维度层里的各个控制变量之间没有明显的相关关系，应该取各个状态变量之间的最小值，作为该维度层的障碍水平。第二，互补原则。如果同一维度层里的各个控制变量之间存在明显的相关关系，应该取所有状态变量的算数平均值作为维度层的障碍水平。在本书中，具体是根据每个指标的发展指数，利用每个指标的归一公式计算其障碍水平，最后定性分析其负向驱动因素和正向驱动因素。

第六节 小结

本章整合了四种方法，构建了一套区域发展质量评价的综合指数分析框架，该框架可以规范区域发展质量诊断研究的一般过程。该框架共包含四种方法，分别是熵权法、时间约束聚类法、自组织映射神经网络法和突变级数法。这四种方法分别对应了综合指数计算、时间分段、空间聚类和障碍因素分析，分析的视角全面，基本包括区域发展研究的各个方面。针对区域发展质量诊断和分析而言，尽管研究方法并非最新，且非原创，但均是在该领域中应用广泛、普遍、可靠的方法。此外，本框架创新性地应用时间约束聚类方法进行区域综合指数的时间分段研究，可以有效地解决当前时间分段方法中主观性较强、客观程度不足的缺点。

第五章　中国高质量发展状态评价

在国家尺度下，以中国高质量发展评价指标体系为基础，本章评价了1999—2019年中国高质量发展的整体状况和分维度发展状况，并分析影响发展的驱动因素。

第一节　数据制备

一、数据来源

国家尺度高质量发展评价指标体系中63个指标的数据来源见表5–1。

表5–1　中国高质量发展评价指标数据来源

指标	数据来源	指标	数据来源	指标	数据来源
E1	中国统计年鉴	O6	中国统计年鉴	H3	中国统计年鉴
E2	中国统计年鉴	O7	中国财政年鉴	H4	中国农村年鉴
E3	中国统计年鉴	O8	中国统计年鉴	H5	世界银行
E4	中国科技统计年鉴	S1	中国统计年鉴	H6	中国统计年鉴
E5	中国统计年鉴	S2	中国文化文物和旅游统计年鉴	H7	中国统计年鉴
E6	中国统计年鉴	S3	中国文化文物和旅游统计年鉴	H8	世界银行
E7	世界银行	S4	中国非物质文化遗产网	H9	中国统计年鉴
E8	世界银行	S5	中国统计年鉴	H10	中国统计年鉴
In1	中国统计年鉴	S6	中国统计年鉴	H11	中国统计年鉴
In2	世界银行	S7	中国统计年鉴	H12	中国统计年鉴
In3	中国科技统计年鉴	S8	中国统计年鉴	Sa1	中国统计年鉴

续表

指标	数据来源	指标	数据来源	指标	数据来源
In4	中国统计年鉴	Ec1	中国统计年鉴	Sa2	中国统计年鉴
In5	世界银行	Ec2	中国统计年鉴	Sa3	中国统计年鉴
In6	中国统计年鉴	Ec3	中国水土流失保持公报	Sa4	中国统计年鉴
In7	中国统计年鉴	Ec4	中国统计年鉴	Sa5	中国统计年鉴
In8	中国统计年鉴	Ec5	中国统计年鉴	Sa6	中国统计年鉴
O1	中国教育部	Ec6	中国生态环境状况公报	Sa7	中国统计年鉴和中国民政统计年鉴
O2	中国统计年鉴	Ec7	华盛顿大学大气成分分析小组[1]	Sa8	中国统计年鉴和中国民政统计年鉴
O3	中国统计年鉴	Ec8	自行计算[2]	Sa9	全球事件数据库（沈石等，2020）
O4	中国统计年鉴	H1	中国统计年鉴	Sa10	全球事件数据库
O5	中国统计年鉴	H2	中国统计年鉴	Sa11	中国统计年鉴

注：指标的具体含义见表 3-1 至表 3-7。

中国高质量发展评价指标的数据来源主要有两类，即统计数据和遥感模拟数据。其中数据来自统计数据的指标有 61 个，来自遥感模拟数据的指标有 2 个。

二、数据预处理

在指标数据的制备过程中，数据预处理工作主要分为两步。第一，对缺失数据插值补齐。当某个省份在特定指标上缺失了某一年份的数据时，本书采用临近年份的数值进行代替。第二，计算指标的相对量。该指标体系所包含的数据，主要为占比、比值、指数等，为了消除经济或人口体量的影响，进行了相对量的计算。各项指标在制备过程中，主要是将各指标与 GDP、总人口或总面积进行比值处理，其中"植被恢复潜力"指标计算比较复杂，下面对该指标的设计原理、计算步骤和数据来源进行详细解释。

---

[1] 华盛顿大学大气成分分析小组（Atmospheric Composition Analysis Group of Washington University）。

[2] 该指标的计算涉及多个数据来源，具体见下文。

　　本书利用"植被恢复潜力"指标来表征生态状况主要有三个原因。第一，当前研究中常用于反映植被情况的指标，例如归一化植被指数（normalized difference vegetation index，NDVI）、增强型植被指数（enhanced vegetation index，EVI）、森林覆盖率，难以很好地反映区域的环境状况。类似森林覆盖率等指标的好坏，在很大程度上体现的是地区的资源禀赋（resource endowment）情况，自然环境适宜的地区，植被生长茂密，很难反映出人为活动对植被恢复的影响作用，例如生态修复工程。第二，植被恢复潜力指数考虑了区域植被生长的潜力上限。本书提倡区域间自然状况的评估，应该考虑区域的自然本底，自然本底反映区域最初的生态情况，即百年前未被人类影响下的植被覆盖情况，为下限；而植被恢复潜力量化了近几十年内的植被最优状况，为上限。因此其本质与自然本底的思想相似。

　　本书利用基于相似生境的植被恢复潜力模型（similar habitat vegetation restoration potential model），计算植被恢复潜力指数。该模型的主要思想是认为具有相似自然条件的地区，应该具有相似的景观和植被覆盖情况（Zhang *et al.*，2020）。而具有相似自然条件的地区，被称为"相似生境"。因此，在相似生境之间，对于植被覆盖情况少的地区，认为其植被具有一定的恢复能力（Xu and Zhang，2021），而植被覆盖情况最高的区域就是其恢复的上限。该模型主要有五步（黄海东等，2017），具体如下。

　　（1）确定具有相似生境的区域

　　选取区域内影响植被生长的变量。本书选取的变量有土壤类型、坡度、坡向、年均降雨和年均气温，均为栅格数据。为方便将以上五个变量进行对比，本书将五个变量进行分类，例如土壤类型分为五类，赋值为1～5。根据五个变量，确定相似生境，即五个变量均具有相同数值的栅格，归结为一类。

　　（2）确定研究区域每个栅格的多年最大植被指数

　　本书选取研究区域1999—2019年、分辨率为1 km的年度NDVI指标，作为植被指数，用于表示区域的植被覆盖情况。根据该指标确定每个栅格在21年内的最大NDVI值。

　　（3）确定每类相似生境区域内的多年最大NDVI值

　　根据第一步得到的每类具有相似生境的栅格区域，和第二步得到的每个栅格上的多年最大NDVI值，确定每类具有相似生境区域内的多年最大NDVI值。该最大NDVI值作为此类相似生境区域内的植被恢复的最大潜力。

（4）计算每个栅格每年的植被恢复潜力指数

在每类具有相似生境的区域中，将多年最大 NDVI 值，减去在某年内、某个栅格上的当年 NDVI 值，即为该年份该栅格上的植被恢复潜力指数。

（5）计算每年、每个省份的植被恢复潜力指数

在某年份下，根据每个省份的空间范围，计算范围内每个栅格上植被恢复潜力指数的算数平均值，即为该省份在该年份的植被恢复潜力指数。区域的植被恢复潜力指数越大，表明该区域的植被被破坏得越严重（Xu *et al.*，2020b）。

当栅格尺度的植被恢复潜力指数聚合到省级行政区尺度时，本书对地貌类型等因素的影响进行了充分考虑。中国地大物博、地貌类型丰富多样，并且各省份面积大小不一，在聚合处理时，为了减少不必要的误差，不采用全部栅格的平均值进行处理，而是排除各省份内的沙漠（包括沙地、戈壁和盐碱地）、湖泊（面积大于 1 km²）的区域，只在有植被生长可能的区域进行植被恢复潜力指数的算数聚合运算。以上操作均是通过 ArcGIS 10.5 软件进行处理。

基于相似生境的植被恢复潜力模型计算时使用到的数据来源有三个。其中，影响植被生长的变量——降雨、温度和土壤类型涉及的数据，以及年均 NDVI 数据，均来源于中国科学院资源环境科学与数据中心。地形和坡度数据是通过数字高程模型（digital elevation model，DEM）数据计算得来，DEM 的数据来源为中国科学院资源环境科学与数据中心。中国 1∶10 万沙漠分布数据集来自国家冰川冻土沙漠科学数据中心。2020 年中国湖泊数据集来自国家青藏高原科学数据中心。

数据处理主要进行了两部分工作。第一，栅格数据在分辨率、地理坐标系、投影坐标系和行列数方面进行数据统一；第二，对降雨、温度、地形、坡向和土壤类型五个因素进行属性的重分类处理，以便进行相似生境的判定。通过本节介绍的方法和步骤，本书制备了国家尺度下 63 个指标在 1999—2019 年的数据。

针对第一步提到的五个变量的详细分类细节，介绍如下。坡向数据的属性是–1°～360°，根据朝向共划分为 5 类，并对该 5 类进行了赋值，具体分类和赋值情况见表 5–2。

表 5–2 坡向数据属性的分类标准

属性	−1°	0°～45°/315°～360°	45～135°	135°～225°	225°～315°
坡向	平坡	阴坡	半阴坡	阳坡	阳坡
赋值	1	2	3	4	5

根据地形的陡峭程度，将地形数据划分为 5 类并赋值（表 5–3）。

表 5–3 地形数据属性的分类标准

属性	0°～15°	15°～25°	25°～35°	35°～40°	40°以上
地形	平坡和缓坡	斜坡	陡坡	极陡坡	急坡和险坡
赋值	1	2	3	4	5

根据降雨、温度数据的属性，均划分为 4 类并赋值（表 5–4、表 5–5）。根据土壤属性情况，将土壤类型数据划分为 13 类并赋值（表 5–6）。

表 5–4 降雨数据属性的分类标准

降雨属性	气候类型区	赋值
0～200 mm	干旱区	1
200～400 mm	半干旱区	2
400～800 mm	半湿润区	3
800 mm 以上	湿润区	4

表 5–5 温度数据属性的分类标准

温度属性	0℃以下	1℃～10℃	10℃～20℃	20℃以上
赋值	1	2	3	4

表 5–6 土壤类型数据属性的分类标准

属性	土壤类型	赋值	属性	土壤类型	赋值
23110101～23110163	淋溶土	1	23117101～2311713	水成土	8
23111101～23111142	半淋溶土	2	23118100～23118154	盐碱土	9
23112101～23112133	钙层土	3	23119101～23119124	人为土	10
23113101～23113114	干旱土	4	23120102～23120171	高山土	11

属性	土壤类型	赋值	属性	土壤类型	赋值
23114101～23114125	漠土	5	23121001～23121134	铁铝土	12
23115101～23115195	初育土	6	23122101～23131101	其他	13
23116101～23116147	半水成土	7			

第二节　发展状态评价

一、综合发展水平

本书根据第三章第四节中构建的中国高质量发展评价指标体系，利用第四章第二节中的基于熵权法的综合指数模型，计算了中国在1999—2019年的整体发展指数，并进行了可视化处理（图5-1）。综合发展指数代表了中国发展的整体状况水平，反映了中国发展的宏观变化趋势，发展指数的得分越高，代表中国的发展水平也就越高，向高质量水平提升的程度就越高。

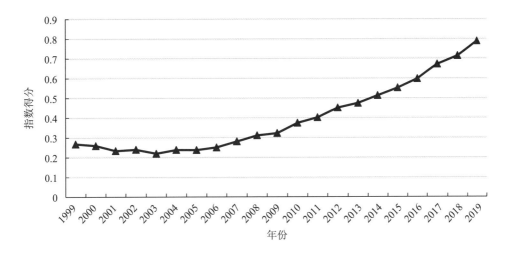

图5-1　1999—2019年中国高质量发展综合发展指数变化

　　1999—2019 年可以划分为两个发展阶段。第一阶段是在 1999—2007 年，高质量发展水平增长极其缓慢，甚至出现了略有降低的现象；第二阶段是在 2008—2019 年，高质量发展水平增长飞速，尤其是在 2016 年之后，增长速度有一个质的提升。综合来看，2019 年发展指数达到 0.788 4，是 1999 年 0.267 7 的近 3 倍。可见，中国在近 21 年的发展过程中，高质量发展水平整体提升较大，社会、经济、环境各方面的发展质量都有所提升，国民经济和社会发展质量有所提高，尤其是体现在人民生活水平的明显提升上。党的十八大会议召开以来，在经济、科技、生态、民生等方面的各项政策推进和资金投入，为我国发展铺就了一条快速发展的道路。2003 年中国高质量发展的综合发展指数降低为 0.219 7，处于发展曲线的谷底，2008 年作为高质量发展由发展平缓转变为快速提高的转折点。这两处重要变化的原因在此处难以详细解释，需要从区域高质量发展七大维度的发展状况方面进行精细化的分析。

二、各维度发展水平

　　本书为进一步解释中国高质量发展综合指数出现特殊变化的原因，将 1999—2019 年中国高质量发展七大维度发展指数进行了可视化处理，如下图所示。各维度的发展指数变化代表了中国不同维度的发展状况，反映中国区域发展过程中各要素、各维度的细节变化，指数数值的大小代表各维度发展水平的高低。

图 5-2　1999—2019 年中国高质量发展各维度发展指数变化

根据图 5-2 可知，中国高质量发展各维度的发展趋势各不相同，整体表现为先降低后增加的时序变化特征。首先，经济质量、创新驱动和对外开放维度在 1999—2019 年发展水平平稳提升。其中创新驱动维度发展水平增长最为迅速，由 1999 年的 0.000 05 增长为 2019 年的 0.152 2，增长了近 3 000 倍，且在 2012 年出现一个小高峰，其原因可能是 2012 年十八大报告中强调了科技创新处于国家发展的核心位置。经济质量维度在 2002 年出现一个小高峰后在 2004 年落到谷底，其最主要的原因是绿色发展中的可再生能源利用情况在 2002—2004 年降低明显，能源利用结构优化方面发展不理想。对外开放维度发展一直处于平稳增长的状况。

其次，社会文明和民生福祉维度在 1999—2019 年均表现出先降低后增长的趋势，整个发展期间的最低点均在 2004 年前后，即 2004 年发展状况是 1999—2019 年中最差的。在 2006 年之后，社会文明和民生福祉维度的发展水平迅速提升，中国长期以来以人为本的执政策略最终有较好的效果展示。而社会文明维度在 2004 年前后发展状况最差的主要原因可能是教育事业方面高中和大学中的生师比失调严重。1980—1997 年是我国第三次"婴儿潮"发生阶段，相应地就读于高中和大学的学生数量在 2003—2006 年增长，而教师数量没有对应地增长，最终导致出现教育事业发展状况不佳的状况。民生福祉维度方面，在 2004 年前后发展状况最差的主要原因可能是，区域协调方面表现出基尼系数提高、城乡收入差异加大，反映出我国在 2003—2006 年城乡差距、区域差距最大。总之，国家尺度下高质量发展整体状况在 2004 年发展最低的主要原因是社会文明和民生福祉维度在该时段的发展状况不佳；而 2008 年之后整体状况好转也是因为这两个维度的发展趋好。

再次，生态文明维度在 1999—2019 年的发展呈现出波动增长，由 1999 年的 0.033 6 增长为 2019 年的 0.077 2。生态系统对人口、经济等方面的发展具有一定的承载能力，也具有一定的自愈能力，但可能会出现突发的环境恶化事件。而且，在实施众多保障生态环境的政策，以及环境质量和生态保护力度有所提升的情况下，生态恢复也具有缓慢且滞后效应大的特征，最终表现为当前生态文明维度的变化特点。而在 2006 年和 2011 年均有明显的生态质量降低的现象，可能的原因是 2007 年前后发生江苏太湖水污染、安徽巢湖水污染事件，以及 2010 年发生大连新港的原油泄漏等突发事件。此外，在 2011 年前后，部分地区出现严重的空气污染，雾霾天数在多省份均每年超过 100 天。

最后，安全保障维度发展状况表现最为特殊，表现为先降低后增长的特点，但最终该维度水平没有变化。具体表现为安全保障维度发展指数由 1999 年的 0.086 7 变为 2019 年的 0.087 4，发展状况并没有有效的增长，且在 2013 年发展达到谷底，维度发展指数为 0.038 0。安全保障维度的变化趋势曲折且原因较为复杂，表明中国面临着多种多样的安全问题，为进一步分析安全保障维度的发展状况，本书将安全保障维度内的法治安全目标、粮食安全目标、灾害损失目标和地缘安全目标在 1999—2019 年的发展状况进行可视化处理。

图 5–3   1999—2019 年安全保障维度各目标层发展指数的时间变化

四个目标层的指数变化波动不一。其中，地缘安全目标层发展指数变化表现为逐年降低，且在 2015 年之后达到最低水平并逐渐稳定，该状况表明中国当前仍然处在极为复杂的国际环境中。大国关系动荡不定，从全球事件数据库中可以看出国际上与中国相关的冲突的媒体事件较多，尤其是近期的中美贸易战、华为事件、香港修例风波等事件，导致中国在国际上遭遇的冲突事件更多、合作事件更少。其他各种原因也可能导致中国在国际地缘安全方面发展状况较差。其他三个目标层中，法制安全、粮食安全目标层的变化表现为先降低后增长，而灾害损失目标层在 2008 年降为最低后快速增长，主要原因是 2008 年中国遭遇了各种自然灾害，例如汶川地震、台风登陆、冰冻灾害等，造成较大的经济损失和人员伤亡。

第三节　驱动力分析

基于突变级数法的障碍诊断模型，本节分析了 2008 年和 2019 年影响中国高质量发展的负向驱动力因素，结果如表 5–7、表 5–8。表中展示了 2008 年和 2019 年两年中对中国高质量发展阻碍程度最大的前十个因素，即对中国高质量发展驱动作用最弱的十个因素，其中某因子的障碍水平数值越大，表明该指标阻碍区域发展的程度越大，其对中国实现高质量发展的负向驱动程度较大；反之，则对中国实现高质量发展的负向驱动程度较小。

表 5–7　2008 年中国高质量发展的障碍因素分析

指标排序	障碍因子	障碍水平
1	H10	1
2	Sa8	1
3	H11	0.978 5
4	H7	0.971 4
5	H3	0.970 1
6	Ec3	0.964 8
7	In5	0.959 5
8	In7	0.959 4
9	H2	0.955 6
10	Sa7	0.955 5

注：具体的障碍因子见表 3–1 至表 3–7。

在 2008 年，影响中国推进高质量发展的因素主要集中在民生福祉、安全保障、创新驱动和生态保护四个维度。其中，涉及民生福祉维度的指标最多，主要有五个，是城乡收入比（H10）、基尼系数（H11）、参加基本养老保险人数占比（H7）、卫生支出占 GDP 比重（H3）、每千人医疗卫生床位数（H2）。城乡收入比和基尼系数指标在表 5–7 的指标排序中分别是第一位和第三位，可见城乡差距是 2008 年影响区域发展的重要指标，统筹区域发展和城乡发展是当时国家发展的重要任务。而参加基本养老保险人数占比的指标排名为第四，影响区域发展程度较大，2008 年中国各地区先后推行了新型农村和城镇居民社会养老保险试点，并于 2012 年之后实现了全覆盖目标，积极改善该指标对区域发展的影响。安全保障维度的灾害受灾人数（Sa8）、灾害直接经济损失（Sa7）分别排名第二位和第十位。2008 年南方省份遭受了前所未有的冰冻和洪水灾害，四川省汶川县发生 8.0 级地震，以及全国各地多起强台风的登陆，这些灾害导致中国出现较大规模的受灾人口和经济损失。在此后的发展中，国家不断重视防灾、减灾、抗灾宣传和基础设施建设，有效地缓解了后续灾害带来的各方面损失。

表 5–8　2019 年中国高质量发展的障碍因素分析

指标排序	障碍因子	障碍水平
1	S5	1
2	H8	1
3	Sa9	1
4	Ec2	0.968 7
5	E5	0.964 7
6	H10	0.926 2
7	Sa10	0.914 2
8	Sa3	0.837 1
9	Ec5	0.822 7
10	Sa2	0.818 9

注：具体的障碍因子见表 3–1 至表 3–7。

在 2019 年，影响中国推进高质量发展的因素主要集中在安全保障、民生福祉、生态文明、社会文明和经济质量五个维度。涉及安全保障维度的指标最多，主要有四个，分别是其他国家对中国的冲突事件占国际冲突事件比例（Sa9）、其他国家对中国的合作事件占国际合作事件比例（Sa10）、每万人公安机关受理的治安案件数（Sa3）和每万人公安机关立案的刑事案件数（Sa2），指标排序为第三、第七、第八和第十位，上述障碍指标表明中国当前在地缘安全和法制安全方面需要进一步加强建设，而且我国发展对于大国博弈、大国竞争仍然敏感。此外，民生福祉和生态文明维度均有两个指标，分别是弱势群体就业率（H8）、城乡收入比（H10），自然保护地面积占辖区面积比重（Ec2）、地表水水质优良比（Ec5），其中 H8 和 Ec2 指标排名分别为第二和第四位，排名靠前，表明在关注特殊群体生活方面需要进一步重视，此外还需要进一步细化主体功能区建设，在扩大自然保护地的基础上，保障当地区域的经济生活用地。障碍因子排序第一位的指标是社会文明维度的教育经费支出占 GDP 比重（S5）。我国人口流动较大，外来务工人员子女上学和教育资源不平等问题一直是中国教育事业中的重要问题。最后，经济质量维度有一个指标，即万元 GDP 能耗（E5），指标排名第五，表明中国在节能减排、能源结构优化方面应加大建设力度。

2008—2019 年，仅有城乡收入比（H10）是共同的障碍因子。一方面，该指标由 2008 年的排名第一变为 2019 年的排名第六，表明城乡发展差距问题一直是中国高质量发展过程中的短板，但经过多年的城乡统筹发展，已经有一定的成效，城乡居民收入差距逐渐缩小，城市化水平逐渐提高。另一方面，其他九个障碍因子发生变化，表明经过十多年的改革发展，2008 年的主要社会问题得到有效改善并取得一定的进步。随着经济的发展和观念的改变，在 2019 年需要关注一些新的社会环境问题，例如碳达峰、碳中和、缓和国际关系、深化国际合作等。

第四节　小结

本章基于中国高质量发展评价指标体系，利用熵权法计算了中国在 1999—2019 年的综合发展水平和七大维度上的发展水平，并在时间序列上对中国的发展状况进行分析，随后利用基于突变级数法的障碍诊断模型，分析 2008 年和 2019 年影响中国发展的负向驱动力。本章发现中国在 1999—2019 年的发展状况是整体提升明显，逐渐向高质量方向发展。在 21 年中，中国的发展进程可以大致划分为两个阶段，即 1999—2007 年和 2008—2019 年。1999—2007 年，中国发展水平先降低后缓慢提升；2008—2019 年，发展水平提升飞快。而针对七大维度的发展状况，在时间序列上也具有相似的变化特征，尤其是民生福祉维度变化最为显著。可能原因是中国大力发展经济，实施生态保护、生命共同体等策略，在保证生态安全和消除贫困的基础上，提高经济质量，人民生活得到极大改善，人民生活的福祉得到较大提高。此外，在驱动因素方面，通过对 2008 和 2019 的负向驱动因素比较可知，区域统筹、城乡统筹发展一直是重要的负向驱动因素。

第六章　省域高质量发展状态的
时空评价

在省域尺度下，以省域高质量发展评价指标体系为基础，利用基于熵权法的综合指数模型和基于突变级数法的障碍因素分析模型，本章评价了1999—2019年中国30个省份高质量发展的整体状况和分维度发展状况，并从时空角度进行了详细分析，此外还进行了驱动力分析。

第一节　数据制备

一、数据来源

省域单元高质量发展评价指标来源于统计资料和处理后的遥感数据，具体数据来源见表6-1。

表6-1　省域高质量发展评价指标数据来源

指标	数据来源	指标	数据来源	指标	数据来源
E1	各省统计年鉴	O4	中经网统计数据库	Ec7	数据来源较多[①]
E2	各省统计年鉴	O5	中经网统计数据库	H1	中经网统计数据库
E3	各省统计年鉴	O6	中国贸易外经统计年鉴	H2	中经网统计数据库
E4	中国科技统计年鉴	O7	中经网统计数据库	H3	各省统计年鉴

---

① 因涉及数据较多，数据来源也较多，具体数据来源见第五章第一节。

续表

指标	数据来源	指标	数据来源	指标	数据来源
E5	中国能源统计年鉴	S1	中国文化文物和旅游统计年鉴	H4	中国环境统计年鉴、中国农村统计年鉴、中国卫生统计年鉴
E6	中经网统计数据库	S2	中国非物质文化遗产网	H5	中经网统计数据库
E7	碳核算数据库（Shan *et al.*，2018；Shan *et al.*，2020）	S3	中国文化文物和旅游统计年鉴	H6	中国劳动统计年鉴
In1	中国科技统计年鉴	S4	中国文化文物和旅游统计年鉴	H7	中经网统计数据库
In2	中国科技统计年鉴	S5	中国统计年鉴	H8	中经网统计数据库
In3	中国科技统计年鉴	S6	中经网统计数据库	Sa1	各省统计年鉴
In4	中国科技统计年鉴	S7	中经网统计数据库	Sa2	法治蓝皮书：中国法制报告
In5	中经网统计数据库	Ec1	中经网统计数据库	Sa3	中国环境统计年鉴、中国农村统计年鉴、中国卫生统计年鉴
In6	中经网统计数据库	Ec2	中经网统计数据库	Sa4	中经网统计数据库
In7	中经网统计数据库	Ec3	各省统计年鉴	Sa5	中经网统计数据库
O1	中经网统计数据库	Ec4	各省水资源公报	Sa6	中国统计年鉴
O2	中国贸易外经统计年鉴	Ec5	华盛顿大学大气成分分析小组	Sa7	中国统计年鉴
O3	中经网统计数据库	Ec6	中经网统计数据库		

注：具体的指标含义见表3-8。

二、数据预处理

在指标数据的制备过程中，数据预处理工作主要分为两步。第一，针对缺失数据，进行数据插值处理。主要遵循一个原则，即缺失数据用临近年份的数值代替。第二，针对原始数据进行二次处理，得到相对量指标。此举主要为避免不同省份之间由于人口或经济规模的体量差异对数据可比性造成影响。各项指标的计算方法主要是将指标本身与GDP、总人口或总面积做比值处理。其中"植被恢复潜力"指标根据第五章第一节中介绍的方法计算得来。

最终，根据数据的最大可获取性原则，本书制备了30个省份在1999—2019年的数据。这30个省份是指北京市、上海市、江苏省、天津市、浙江省、广东省、福建省、山东省、内蒙古自治区、辽宁省、山西省、四川省、吉林省、江西省、青海省、黑龙江省、云南省、广西壮族自治区、甘肃省、贵州省、重庆市、湖北省、陕西省、新疆维吾尔自治区、湖南省、海南省、宁夏回族自治区、安徽省、河南省和河北省，西藏自治区由于数据可获取性问题并没有包含在研究区域内。此外，本章的研究区中也不包括香港特别行政区、澳门特别行政区和台湾省。

第二节　省域高质量发展状态的时间评价

本书对 30 个省份高质量发展的整体和分维度状况，在时间序列上的变化分析如下。其中根据基于熵权法的综合指数模型的算法原理可知，由于本节计算得到的不同省份之间指标权重是不同的，因此不同省份之间的指数得分不具有可比性，但各省发展指数的多年间差值，则可在各省之间进行比较。

一、省域高质量发展综合水平

本书根据省域高质量发展评价指标体系和基于熵权法的综合指数模型，计算得到 30 个省份在 1999—2019 年的高质量发展指数。此外，还计算了各省 2019 年的综合指数相较于 1999 年的变化差值，并进行可视化表达。

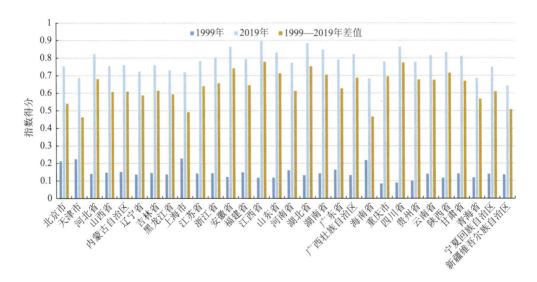

图 6-1　1999—2019 年中国 30 个省份综合发展指数变化

从图 6-1 中可以看出，在 1999—2019 年，中国 30 个省份的发展水平都有不同程度的提高，其高质量发展的程度也不一样。其中，高质量发展水平提升最多的两个省份是江西省和四川省，分别提高了 0.778 6 和 0.774 9；而提升最慢的两个省份是天津市和海南省，分别提升了 0.463 9 和 0.465 8；30 个省份高质量发展水平平均提升了 0.637 2。高质量发展水平提升最快的江西省和四川省位于中国的中部和西南部，居于内陆，而提升最慢的天津市和海南省位于中国的东部和南部沿海。该现象说明中国沿海省份尽管发展起步较早，但存在发展后劲不足的情况；而中国内陆区域早期发展水平虽不高，但充分结合本地基础产业，实现了快速提高区域发展质量。总之，30 个省份的高质量发展水平提升程度不一，但是可以看出各省都严格推行中央的各项政策规定，抓住时代发展机遇，全面深化开放强度并贯彻落实发展目标，使得各省的高质量发展状况呈现出跨越式的发展态势。

这里以四个具有发展特色的省份（江西省、四川省、天津市和海南省）为例，详细分析四个省份区域高质量发展状况变化的具体原因。从图 6-2 中可以看出，在 1999—2019 年，江西、四川、天津和海南四个省级行政区发展趋势波动程度各不相同。此外，从四个省份发展曲线的变化幅度来看各省高质量发展的提升速率，本书发现，江西省和四川省的整体发展提升速率较高，而天津市和海南省的整体发展提升速率较低。从四个省份的变化趋势看，首先，天津市在 2002 年有一个明显的发展凸起，而在 2012 年有一个显著的凹面，其他年份呈现平稳且缓慢增长。经分析发现天津市 2002 年的突然变化，是创新驱动维度下创新投入目标层中指标"每万人拥有国外技术引进合同金额"的突然提高导致的，在 2003 年天津市的政府工作报告中指出，2002 年底滨海新区基本建成，引进了大量的国外企业，随之签订较多的国外技术合同，使得对外开放格局实现新突破。而天津市在 2012 年的发展状况降低，可能是因为创新驱动、民生福祉和社会文明维度在该阶段发展有下降的趋势，主要体现在科普宣传、教育投入和医疗卫生方面，有所下滑的指标具体是每万人科普专题活动参加人数、教育经费占 GDP 比重、每万人医疗卫生床位数等。

其次，江西省和四川省高质量发展状况均具有先缓慢增长后出现快速爬升的特点，时间分界点大约是 2008 年。江西省在 2008 年之前发展缓慢的主要原因可能是在安全保障维度下的灾害和粮食安全方面发展较差，主要体现在灾害造成的经济损失和人员伤亡规模较大。2008 年江西遭受了巨大的雪灾和冰冻灾害，不仅造成大量的经济损失和人员伤亡，粮食产收方面也受到较大影响。江西省在 2008 年之后发展提速，在七大维度上均有所提升，其中提升最快的是民生福祉维度和创新驱动维度，具体体现在人民生活水平提高和科技投入水平提升。而四川省的生态文明维度和安全保障维度变化平稳，增长幅度较小，其他维度在 2008 年之后增长较快。

图 6-2　1999—2019 年部分省份综合发展指数变化趋势

最后，海南省高质量发展进程呈现出波动增长的特点。其中主要有两个特殊的时间节点，2003 年为一个波谷，2015 年为另一个小波谷。2003 年海南省在创新驱动维度的科技投入方面有所减弱，主要表现于引进国外技术方面；而在 2015 年海南省发展有所下降的原因可能是在生态文明维度下生态质量方面发展有所减弱，主要体现在地表水污染程度加重。近年间海南省发展状况回升较好，其中民生福祉和创新驱动维度发展爬升状况最为明显，在今后的发展过程中可进一步加强环境保护、污染治理等方面的政策推行力度。

二、省域各维度发展水平

本书以省域高质量发展评价指标体系为基础，利用熵权法计算 30 个省份在 1999—2019 年的经济质量维度、创新驱动维度、对外开放维度、社会文明维度、生态文明维度、民生福祉维度和安全保障维度的发展指数，并进行可视化表达。

（一）经济质量维度

为宏观地观察 30 个省份在 21 年间经济质量维度的整体发展状况，本书计算了 2019 年 30 个省份的经济质量维度发展指数相较于 1999 年的增长值，并进行了可视化展示（图 6-3）。

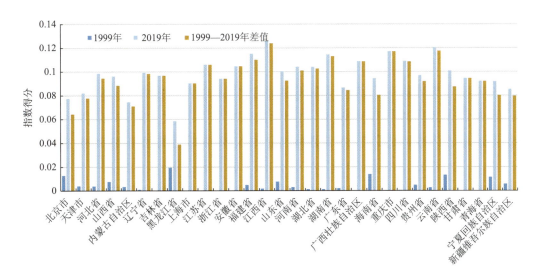

图 6-3　1999—2019 年 30 个省份经济质量维度发展指数变化

从图可知，在 1999—2019 年，30 个省份经济质量维度发展指数都呈现增加的趋势。其中，在 21 年间，经济质量维度发展指数增长最多的两个省份是江西省和云南省，分别增加了 0.124 1 和 0.117 6；经济质量维度发展指数增长最少的两个省份是黑龙江省和北京市，分别增加了 0.039 0 和 0.064 5；30 个省份的经济质量维度发展指数平均增加了 0.093 8。该维度的发展状况表明 30 个省份经济质量维度发展水平不一，但整体的经济水平发展状况较好，经济结构体系逐渐优化，绿色经济深化发展，节能减排效果明显。此外，整体来看，北京市和黑龙江省是中国传统的经济高地和工业基地，而最近 21 年来经济质量维度提升较少的原因可能是经济发展过程中，经过不断地产业升级、结构优化、技术迭代、模式改革，存在一定的适应阶段和经济缓慢增长时期，这符合经济发展规律。江西省和云南省虽深居内陆，经济发展较晚，但旅游经济发展较好，因而两省的经济质量维度发展迅猛，体现出中国中西部省份经济发展水平差距逐渐缩小，区域统筹发展成效明显。

　　本书以经济质量维度中发展提升最大和最小的四个省份（江西省、云南省、黑龙江省和北京市）作为案例，对发展趋势和原因进行详细分析。由 6–4 可知，四个省份经济质量维度发展水平呈现波动增长的趋势。此外，从四个省份经济质量维度发展曲线的斜率可分析各省的经济变化速率，可知黑龙江省和北京市的经济变化速率均低于江西省和云南省。

　　江西省经济质量维度发展呈现出近乎线性增长，没有明显的变化拐点，可见江西省在经济水平、产业结构和绿色经济方面发展稳定，且持续提升。江西省近年来不断提高招商引资的质量，打造良好的开发型经济发展环境，依托旅游业和高技术产业的快速升级，使得经济水平和经济效率不断提高。

　　云南省经济质量维度发展变化趋势也呈现出平稳且线性的增长特点，但有两个较明显的拐点，分别是在 2005 年有一个突然的下降，和在 2018 年有一个突然的增长。原因是在 2005 年绿色程度目标层下万元 GDP 能耗和单位 GDP 的 CO_2 排放量有显著的增加，即能源消耗量增加，且工业生产导致 CO_2 排放量突然增加，节能减排方面出现明显的发展问题，该情况在后续的发展中有所缓解。在 2018 年经济质量状况突然提升的原因可能是结构优化目标层下的高技术产业增加值占 GDP 比重提升显著，通过引进大量高科技产业，提高了本省高技术行业比重，产业结构优化效果明显。

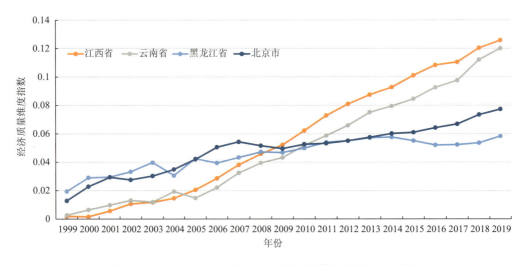

图6–4　1999—2019 年部分省份经济质量维度发展变化趋势

黑龙江省经济质量维度发展状况尽管整体呈现增长，但是在 2008 年之后呈现平稳较小波动的特征，在近年发展甚至有下降的趋势。2004 年黑龙江省经济质量发展有一个明显的下降，主要原因可能是在高技术产业发展上有所放缓。在 2014 年之后甚至有连续多年的发展水平降低的现象，主要原因可能是结构优化方面有所减弱，尤其是第二、第三产业的问题。黑龙江省早期工业发达，工业基础好，经济水平较高，但在后续的发展过程中，改革效果较差，产业结构更新滞后，导致经济发展速度减缓。

北京市的经济质量发展水平在 2008 年出现轻度降低后呈现缓慢提升。该拐点的出现可能是受到高技术产业产值波动的影响。北京市作为金融中心、对外交流中心，经济水平较高，但因其经济体量较大，在经济从高速向高质量发展转变的过程中，经济质量维度水平提升速率较慢。

（二）创新驱动维度

30 个省份在 1999 年和 2019 年创新驱动维度的发展指数及变化见图 6–5。

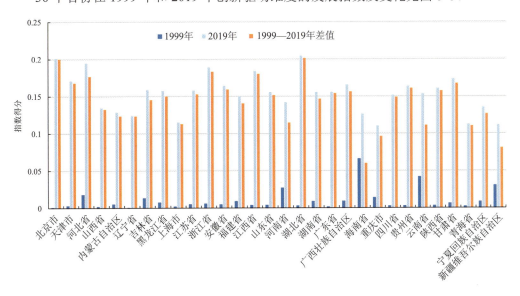

图 6–5　1999—2019 年 30 个省份创新驱动维度发展指数变化

在 1999—2019 年间，中国 30 个省份的创新驱动维度发展水平均有不同程度的提升。创新驱动维度发展水平提升最多的省份是湖北省和北京市，分别提升了 0.201 5 和 0.200 4；提升最少的是海南省和新疆维吾尔自治区，分别提升了 0.060 3 和 0.081 1；

30 个省份在 21 年内平均增长了 0.143 2。30 个省份创新驱动维度方面均表现出快速发展的态势，得益于国家将创新发展作为重要的发展目标，尤其是在 2016 年中共中央、国务院发布了《国家创新驱动发展战略纲要》，明确了以科技促发展、以创新谋变革的战略要求，极大地促进了区域的创新投入积极性和创新产出的成果数量，大力推进突破了各种"卡脖子"技术难题，近年来对基础研究投入加大。整体而言，北京市是国内的科技中心，其创新驱动水平本身就较高；湖北省内高校或科研院所众多，所以创新产出较高；新疆维吾尔自治区位于中国西部，经济基础较差，科技水平较低；海南省其旅游和贸易产业发展水平较高，然而科技方面发展提升较慢。

本书以创新驱动维度中发展提升最多和最少的四个省份（北京市、湖北省、海南省和新疆维吾尔自治区）作为案例，进行详细的发展趋势和原因分析。由图 6-6 可知，在 1999—2019 年间，北京、湖北、海南和新疆四个省份创新驱动维度发展水平呈现波动上升的趋势。

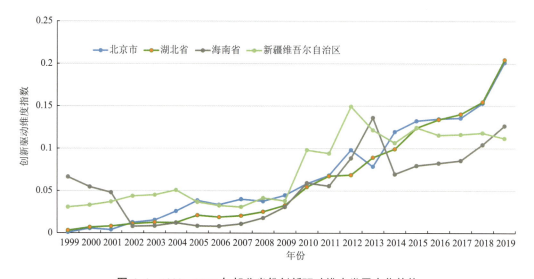

图 6-6　1999—2019 年部分省份创新驱动维度发展变化趋势

湖北省创新驱动维度发展趋势近似线性变化，没有明显的突变点，表明湖北省在创新投入和创新产出方面发展良好，并且具有持续提升的态势，尤其是在研究经费和科研人员的投入方面。

北京市创新驱动维度发展在 2013 年出现一个大幅度的降低后又快速增长。主要原因可能是创新投入目标下的科普活动专题举办次数和覆盖人数表现不佳。在 2014 年之后呈现平稳变化后陡然提升，主要原因是在创新投入和产出方面表现俱佳，并且具有进一步提高的趋势。北京市经济水平较高，其具备的深厚经济实力为创新投入提供坚实的基础，创新驱动维度发展优势明显。

海南省创新驱动发展趋势近似呈现一个"U"字形，在 2002—2008 年间处于"U"形的谷底，2013 年达到顶峰后又下降至新阶段的谷底，在稳定发展后有所提升。海南省在 2002—2008 年发展水平持续较低的主要原因是创新投入目标层下的科普活动举办效果以及国外技术引进程度两方面发展持续低迷，而 2014 年发展水平突然降低的原因可能是引进技术方面发展不佳。尽管海南省经济水平位于国内中等水平，但其经济发展主要依靠以金融、旅游和服务业为代表的第三产业，科技创新不是其发展的强项。

新疆维吾尔自治区创新驱动维度发展过程呈现一个倒"U"形，在 2012 年达到谷峰后呈现一个降低的趋势。2012 年是中国引进国外技术合同数的顶峰阶段，其后逐渐减少，主要原因是国内更加倡导自主创新，调整技术引进形式，促进产业转型。而新疆维吾尔自治区创新驱动维度发展缓慢的主要原因是其经济实力薄弱，难以吸引高科技人才。今后应该加大自主创新能力，技术引进只是辅助手段，提高科技水平还需要在消化吸收国外技术的基础上，提高自身科技的竞争力。

（三）对外开放维度

30 个省份在 1999 年和 2019 年对外开放维度的发展指数及变化见图 6–7。

1999—2019 年，30 个省份对外开放维度发展水平都呈现增长的趋势。在这 21 年的研究期间内，对外开发维度发展水平增长最多的两个省份是陕西省和四川省，分别增长了 0.184 2 和 0.171 3；增长最少的省份是浙江省和天津市，分别增长了 0.040 0 和 0.046 1；30 个省份对外开放维度发展水平平均增长了 0.102 4。从宏观角度来看，陕西省和四川省位于中国内陆，在国际交流方面的先天优势欠缺，缺少进行对外交流和贸易往来的条件。由于 2013 年"丝绸之路经济带"概念的提出，直至"一带一路"战略上升为国家战略，为作为丝绸之路经济带起点的陕西省提供了广阔的对外开放的机会。四川省也位于丝绸之路经济带所涵盖的新经济发展区域范围内，从而也积极投入这条经济大走廊的建设中，不断加大开放力度和开放强度。通过增强中国西北省份和西南省份与国际上其他国家的联系，增加与中亚、南亚的思想交流和贸易往来，中亚和南亚留学生来国内就读的学生逐渐增多，从而增加了中国中西部省份对外开放维度的发展。而浙江省和天津市，作为我国的东部沿海城市，以其得天独厚的区位条件，对外开放程度本身较高，且自身努力寻求变革，不断加深与国际交流合作的深度和广度，尽管提升程度较小，但其本身对外开放水平就处于较高层次，今后需要的是进一步寻求质量改革方案。

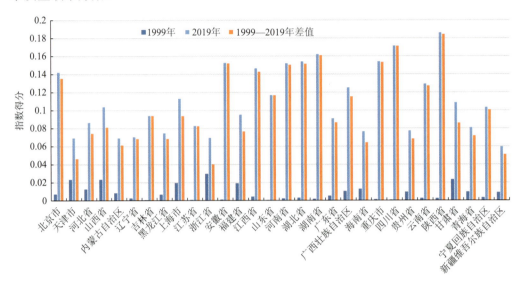

图 6-7   1999—2019 年 30 个省份对外开放维度发展指数变化

本书以对外开放维度中发展提升最多和最少的四个省份（陕西省、四川省、浙江省和天津市）作为案例，进行详细的发展趋势和原因分析。由图 6-8 可知，在 1999—2019 年，陕西、四川、浙江和天津四个省份的对外开放维度发展变化趋势不一。

陕西省在 21 年间对外开放程度呈现线性发展趋势，且没有太过于明显的突变点，发展曲线斜率由小变大，即发展速率逐渐提高。然而，在 2019 年对外开放维度发展水平有所回落，主要原因是对外贸易目标层中每万人对外承包工程营业额有所减少，但并不影响其高水平的对外开放格局。

四川省对外开放维度发展趋势近似呈现"S"形发展，2012—2014 年为其转折阶段。主要原因可能是该阶段对外贸易目标层下的外资利用和进出口总额方面发展水平无明显变化。

图 6-8　1999—2019 年部分省份对外开放维度发展变化趋势

浙江省对外开放维度发展增长幅度较小，其趋势表现为近似于水平。浙江省位于中国东部沿海，对外联系密切，各种港口新区较多，在与国际接轨的过程中，本身的思想交流频繁、对外经济联系紧密，对外开放程度高，但是当前发展平稳且增长幅度较小，可能需要寻求进一步的变革，实现对外开放维度发展的高质量转变。

天津市对外开放维度发展缓慢增长，在 2015 年之后发展状况有所下滑。在 2016—2019 年发展状况下滑的主要原因是思想交流方面发展有较大程度的下滑。天津市与浙江省发展类似，是中国最早开始对外开放的门户之一，当前开发强度较大，面对对外开放维度发展水平增长缓慢的局面，也亟须寻求开发新模式，并借助丝绸之路的贸易格局，推进高质量发展。

在今后的发展过程中，各省都要重视国内市场和国际市场的双循环开放模式，走上丝绸之路经济带的快车道，进一步推进各省的经济和思想等方面的开放。

（四）社会文明维度

30 个省份在 1999 年和 2019 年社会文明维度的发展指数及变化见图 6-9。

在 1999—2019 年间，中国 30 个省份社会文明维度发展水平均表现出增长趋势。其中，省域社会文明维度发展指数增长最多的两个省份是浙江省和江苏省，分别增长了 0.120 0 和 0.119 5；省域社会文明维度发展指数增长最少的两个省份是上海市和湖

北省，分别增长了 0.043 5 和 0.047 7；30 个省份社会文明维度发展指数平均增长了
0.087 2。社会文明维度主要涉及文化建设和教育事业两方面，弘扬中华文化、树立民族
自信、提升民族自豪感有助于提升社会文明程度。此外，基础教育和高等教育水平的提
升，从思想上提高青少年的认知水平，对社会文明提高具有重要意义。然而，该维度的
提升具有很大的滞后性，所以各省份社会文明维度发展指数的提升幅度都不是很大。

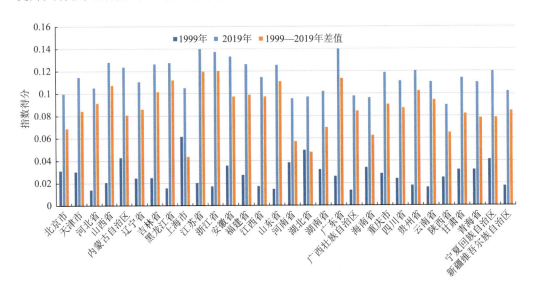

图 6–9　1999—2019 年 30 个省份社会文明维度发展指数变化

　　本书以社会文明维度中发展提升最多和最少的四个省份（浙江省、江苏省、上海
市和湖北省）作为案例，进行详细的发展趋势和原因分析。由图 6–10 可知，1999—2019
年，浙江、江苏、上海和湖北四个省份社会文明维度发展指数整体呈现出波动上升的
趋势，且总体波动趋势相似。

　　上海市和湖北省社会文明维度发展变化的趋势极为相似，均在 1999—2006 年呈现
发展水平逐渐降低，在 2006 年达到谷底，在 2007—2019 年发展水平逐渐提升。2006
年，社会文明维度发展水平处于谷底的主要原因是文化建设方面的每万人拥有公共图
书馆藏量下降，以及教育事业方面的教育经费投入、高校建设投入有所减少。而湖北
省在 2006 年发展水平最低的主要原因在于教育建设方面，在教育经费和高校建设投入
方面有所减少。上海市和湖北省内部的高等学校数量较多，随着城市化的快速发展和
适龄学生的增加（第三次"婴儿潮"出生的群体在 2006 年前后多已到达高中和大学学

习阶段），导致高校在校生快速增加，高校生师配比不均衡。然而，在 2006 年之后，高校教师的招录数量增加了，从而缓解了该指标表现不佳的问题，最终改善了社会文明维度的整体发展趋势。

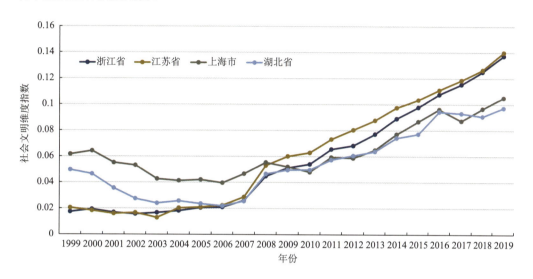

图 6-10 1999—2019 年部分省份社会文明维度发展变化趋势

而浙江省和江苏省的社会文明维度发展变化趋势极其相似，其发展曲线几乎重合，均表现为先平稳变化后快速增长，其拐点均出现在 2008 年。本书认为浙江省和江苏省出现此类变化的主要原因是文化建设方面的非物质文化遗产建设，以及在教育事业方面高校师资力量培育有较大程度的发展。在 2008 年前后，国内外文化交融明显，随着城市化的快速推进和适龄学生的迅速增加，教育资源和教育设施却未能及时跟进，且群众文化表现力度和认可力度较低。在 2008 年之后，短视频等新媒体技术的兴起，极大地促进了群众文化和草根文化的蓬勃发展，并逐渐被大众认可。国家非物质文化遗产和民族特色文化也逐渐被重视，开展了非物质文化遗产名录的建设。此外，伴随着教育经费的投入，处于基础教育和高等教育阶段的学生上学难的问题得到了有效改善。

（五）生态文明维度

30 个省份在 1999 年和 2019 年生态文明维度的发展指数及变化情况见图 6-11。

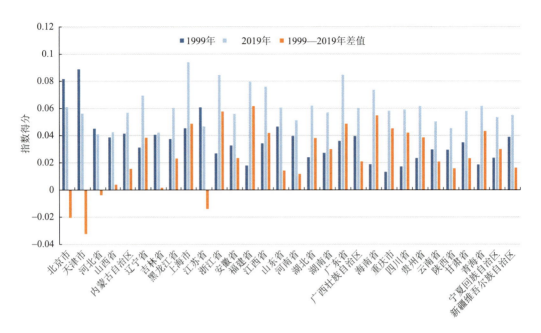

图 6-11   1999—2019 年 30 个省份生态文明维度发展指数变化

在 1999—2019 年间，30 个省份生态文明维度的发展程度有增有减。就省域生态文明维度而言，发展程度降低的省份有北京市、天津市、河北省和江苏省，降低最多的是天津市，降低了 0.032 5，相较于 1999 年降低了 30%。这四个省份在全国范围内经济水平较高，经济的快速发展带来了环境质量的下降，尽管各级政府在生态保护上有较大的投入，但生态文明维度仍有一定程度的降低。而其他 26 个省份生态文明维度发展水平出现不同程度的增长，增长最多的是福建省，增长了 0.061 6。福建省在 2016年被选定为国家首批生态文明试验区，得益于该省居民具有较强的环境保护意识和较好的生态环境条件，在生态文明试点推行的相关政策工作的帮扶下，生态保护和环境质量方面都得到了非常大程度的提升，最终使得福建省生态文明维度的发展水平增长程度较大。30 个省份生态文明维度发展指数在 21 年间平均增长了 0.024 6，增长幅度较小，可见整体上各省生态文明维度发展水平变化幅度较小。进一步提升生态文明质量，实现近远期目标中的"零碳计划"，仍然是一项艰巨的任务。

本书以生态文明维度中发展提升最多和最少的五个省份（北京市、天津市、河北省、江苏省和福建省）作为案例，进行详细的发展趋势和原因分析。由图 6-12 可知，在 1999—2019 年间，北京、天津、河北、江苏和福建五个省份变化趋势比较相似，均呈现出一个凹形特征，凹型曲线的波谷出现于 2011 年，在 2010 年之前表现出波动下降，在 2011 年之后表现出波动上升的特点。上述五个省份生态文明维度发展状况均在 2006 年之后开始降低，在 2010 年达到谷底，并维持了多年的低水平状况，之后有所提升，除福建省外，其他四个省份均未达到 1999 年期初的生态文明水平。从宏观角度来看，中国在 2006 年之后出现了严重的环境污染事件，PM2.5、PM10 等污染物逐渐被人们重视，大部分省份年均雾霾天数超过 100 天，多出现在冬季和春季；空气污染、粉尘污染、水污染等事件频发，生态环境状况较差，环境污染治理压力剧增。突然发生的环境污染事件并不是一蹴而就的，而是以粗放型经济为主的人类活动超出自然环境承载力导致的，且生态系统难以进行自我调节，一旦突破承载力阈值，其后果将以自然灾害的形式出现在人类生活中。

图 6-12　1999—2019 年部分省份生态文明维度发展变化趋势

从各省状况看，北京市在 2011 年前后生态文明维度发展状况较差，主要体现在环境质量目标层中的地表水水质、PM2.5 浓度和植被恢复潜力表现不佳，即在水、土和植被方面有较为严重的恶化，且在较长时间内没有得到有效地改善。天津市主要在地表水水质和 PM2.5 浓度方面有较严重的问题，工业和生活污水的排放，工业废气排放和农村冬季燃煤等情况也都加重了环境污染。河北省的主要问题体现于化肥施用强度和 PM2.5 浓度，即土壤安全和空气安全方面。江苏省主要在植被恢复潜力、化肥施用强度和 PM2.5 浓度指标上表现低下，即在植被破坏、土壤质量和空气质量方面有严重的安全问题。而福建省主要是在生态保护下的污染治理投资减少，环境质量方面的水质和空气质量水平降低，但其在进行生态文明试点工程之后有了明显的提升，且生态保护力度加强，最终使福建省生态文明维度的发展水平回升甚至超过 1999 年的水平，出现一定程度的提高。

总之，21 世纪初期正是国内城市化快速发展阶段，城市的无序扩张，也使得建设占用林地等情况大规模发生。各省份在生态文明维度方面发展缓慢，而且相较于其他维度的发展情况，生态保护难度较大、矛盾突出，如何协调好人地关系，是区域高质量发展中提升生态保护情况需要重点考虑的。因此，今后各省在发展过程中，应重点加大工业污染物排放监测和地表水质监测的力度，加强退耕还林还草和固碳、汇碳等方面的管理工作。

（六）民生福祉维度

30 个省份在 1999 年和 2019 年民生福祉维度的发展指数及变化见图 6–13。

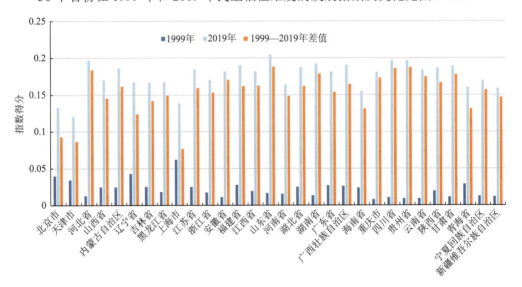

图 6–13   1999—2019 年 30 个省份民生福祉维度发展指数变化

在 1999—2019 年间，30 个省份民生福祉维度的发展水平都呈现增长趋势。其中省域民生福祉维度提升最大的两个省份是山东省和贵州省，民生福祉维度指数相较于1999 年分别增加了 0.188 0 和 0.187 1。省域民生福祉维度提升最少的省份是上海市和天津市，民生福祉维度指数得分相较于 1999 年增加了 0.076 7 和 0.086 6。民生福祉维度是以卫生健康、人民福祉和区域协调为核心的发展内容，各省把握以人为本的发展思想，着力提升人民的幸福感和获得感，全国医疗保障、养老保险，以及城乡统筹和区域统筹等相关措施的推行，使得各省城市化率提升快速，城乡差距缩小，城乡基础设施状况得到改善，医疗卫生保障全面推行，从各方面促进了民生福祉维度的快速发展。从各省的宏观发展来看，上海市作为中国的金融中心、经济中心、创新中心、贸易中心，民生福祉维度的增长幅度最小，是因为上海市本身的区域协调、人民生活、卫生环境的基础条件较好，再进一步实现人民生活质量、医疗服务水平、区域协调程度等方面的提升难度较大。贵州省在该维度提升较快可能是因为脱贫攻坚、城乡统筹、社会医疗保障等措施的共同推进，贵州省经济水平偏低，具有较多的连片贫困区、贫困县，近年来国家大力推进脱贫攻坚和精准扶贫，以及乡村振兴，使得人民生活质量得到了实质的改善。

本书以民生福祉维度发展提升最多和最少的四个省份（山东省、贵州省、上海市和天津市）作为案例，进行详细的发展趋势和原因分析。由图 6–14 可知，在 1999—2019 年间，山东、贵州、上海和天津四个省级行政区的民生福祉维度发展呈现出整体增长趋势。其中，山东省和贵州省民生福祉维度发展趋势基本相似，均表现为平稳增长的特点。山东省在 2006 年之后提升速度较快的原因，可能是在人民生活福祉和区域协调方面取得了较大的进步，主要体现的人均公园绿地面积和交通设施密度增加方面。贵州省在 2006 年之后也出现了增长速度提高的变化，主要体现在卫生健康方面，具体是在医疗卫生基础设施和卫生支出上逐渐改善。上海市和天津市均表现出缓慢提升的特点。它们作为中国少有的几个大型城市，城市化程度高、流动人口密度大，城市内居民生活和基础设施的压力较大，在 2002 年前后，民生福祉维度均表现出小范围降低的趋势。然而，上海市在 2008 年有一个明显的凸点，主要原因可能是卫生健康方面的医疗条件改善，对应的具体指标是每万人医疗卫生床位数增加。

总之，十八大召开之后，经过城乡合作医疗、城乡统筹、农村"厕所革命"等措施的实施，城乡差距不断缩小，人民幸福感逐渐提高，尤其是农村贫困地区的卫生状况和收入状况逐渐改善，提高了各省民生福祉维度的发展水平。对于中西部省份，在持续推进"三个一亿人"的中西部新型城镇化建设策略的同时，不断落实农村人口的转移城镇落户、中西部地区的就地城镇化和棚户区城中村的改造工作，城市将更为宜居，居民将更安居乐业。

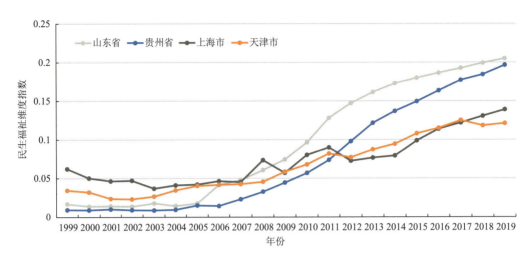

图 6–14　1999—2019 年部分省份民生福祉维度发展变化趋势

（七）安全保障维度

30 个省份在 1999 年和 2019 年安全保障维度的发展指数及变化见图 6–15。

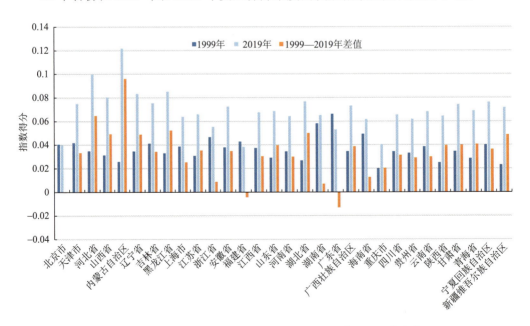

图 6–15　1999—2019 年 30 个省份安全保障维度发展指数变化

在 1999—2019 年间，30 个省份的安全保障维度的发展水平大部分呈现增长趋势。各省份的安全保障维度在研究期间内具有不同的变化态势。其中，发展程度降低的省份有北京市、福建省和广东省，分别降低了 0.000 5、0.004 4 和 0.013 3，相较于 1999年降低了大约 1%、10% 和 20%；省份安全保障维度的发展指数增长最多的省份是内蒙古自治区，相较于 1999 年指数得分增长了 0.096。30 个省份在安全保障维度的发展指数平均增长了 0.032 9。安全保障维度主要体现在法治安全、粮食安全和灾害损失三方面，各方面的变化都影响着安全保障水平的发展。各省应牢记把粮食安全握在自己手里的要求，不断提高防灾意识，健全法制制度，致力于提高居民的安全感。

本书以安全保障维度中发展提升最多和最少的四个省份（内蒙古自治区、北京市、福建省和广东省）作为案例，进行发展趋势和原因分析。从图 6–16 中可知，在 1999—2019 年间，北京、福建和广东三个省份的安全保障维度发展波动趋势相似，均为波动降低，维度指数升高与降低交替出现。其中，北京市安全保障维度逐渐降低的主要原因是粮食安全目标层下的粮食产量、粮食卫生和食品消费价格安全指标得分有较大的波动，甚至在 2019 年出现发展状况不佳。福建省安全保障维度发展水平降低的原因，除了粮食安全以外，在法治安全目标层中的政府透明度方面也有一定程度的降低，其政府机构对民意的反应速度、惠民程度、决策的执行程度，以及民众对政府机构的满意度等方面有一定的减弱。广东省安全保障维度发展水平降低的主要原因也是在粮食安全方面有一定的弱化，次要原因是灾害损失目标层下的灾害造成的经济损失。广东省处于东南沿海，常年受到台风影响，然而仅在 2008 年前后灾害损失目标层得分降低严重，其他年份仅出现波动降低，这归功于广东省注重防震减灾的基础设施建设，加强灾害安全宣传，将自然灾害（主要为气象灾害）造成的损失降到了最低。此外，通过 1999—2019 年的平均人均 GDP 可知，北京、广东和福建三个省份均属于发达省份，它们的工业化和城市化程度高、耕地面积较少、人均粮食产量较少、农药使用强度大，在保护耕地、退耕还林还草、生态红线保护等政策下，应该重点提升农业技术的投入，提高粮食产量，保证粮食产量和粮食质量。

1999—2019 年，内蒙古自治区安全保障维度的发展水平增加最多，尤其在 2013 年之后发展水平有明显的提升。主要原因可能是在法治安全目标层提升明显，体现出当地居民在法治安全意识方面有较高程度的提升，而且内蒙古自治区各级政府在政务、管理服务、司法等方面公开程度有所提高，具体表现在律师工作人员数和政府透明度指标得分提高上。

图 6-16　1999—2019 年部分省份安全保障维度发展变化趋势

三、基于各维度发展水平的时间阶段划分

研究区域发展的变化阶段，时间分段方法具有良好的应用效果，不仅能够总结出区域发展的变化规律，而且有助于分析不同阶段的发展问题。本书基于 30 个省级行政区 1999—2019 年高质量发展的七大维度发展指数数据，利用时间约束聚类方法，进行时间阶段划分。

从图 6-17 可知，通过时间约束聚类方法，可将省域高质量发展的时间阶段划分为四段，分别是：第一阶段 1999—2001 年、第二阶段 2002—2009 年、第三阶段 2010—2013 年、第四阶段 2014—2019 年。

各阶段具有显著不同的特征。其中，在第一阶段内，北京市、天津市、江苏省、上海市、广东省、河北省的生态文明维度指数得分较高，其他省份的维度得分相对较低；第二阶段内，包括北京市、天津市和河北省在内的省份在创新驱动、社会文明、对外开放维度上的指数得分较高，增长趋势明显，其他维度得分变化波动较小；第三和第四两个阶段的波动变化特征相似，例如北京市和天津市的生态文明维度得分降低明显，安全保障维度基本维持不变。对外开放、民生福祉和创新驱动维度得分增长极其强烈，尤其是河北省、天津市和北京市。

从国内宏观的发展背景角度分析可发现，各省的维度得分变化具有鲜明的时代特征，多个阶段的起止时间与国内重要政策的出台或实施时间相吻合。第一阶段正是第

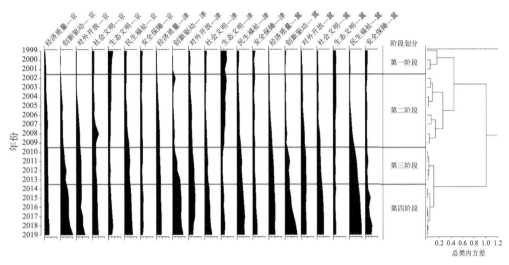

图 6–17　省域高质量发展的时间阶段划分

注：由于参与聚类的样本量过大（210 个），聚类图中难以全部展示出来，本书将变化明显的部分样本进行展示。

九个和第十个五年计划的过渡时期，改革开放效果明显，各省份经济发展对环境的破坏程度较小，在环境承载力范围内，相关省份生态文明维度得分明显高于其他维度。第二阶段时间跨度最长，从进入 21 世纪以来到第十一个五年规划末年，期间召开了中国共产党第十六次全国代表大会，标志着进入了全面建设小康社会的新局面，以人为本、提高居民生活质量是当时国内发展的主题，因此各省在社会文明维度发展趋势向好。第三阶段和第四阶段处在中国共产党第十八次全国代表大会召开后，各项政策推行的重要时段，例如，"一带一路"战略、精准扶贫战略、创新驱动战略等，在这两个阶段里国内人民生活水平快速提高，经济质量快速提升，民生福祉维度、创新驱动维度发展优势凸显，中国发展从高速度向高质量方向转变。

第三节　基于不同时段的省域高质量发展状态的空间评价

本节根据上节中得到的省域高质量发展的时间阶段，计算不同时段内各省的发展指数，进行空间可视化，以便研究四个阶段省域高质量发展状况的空间格局变化。此外，受数据收集能力的限制，本书中西藏自治区、香港特别行政区、澳门特别行政区和台湾省做无数据处理。

一、综合发展水平

本节以 30 个省域在阶段一、阶段二、阶段三和阶段四的高质量发展七大维度发展指数数据作为输入样本，利用 SOM 算法，对省域在四个阶段的高质量发展状况进行分类，以分析 1999—2019 年省域高质量发展状况的空间变化。最终，本书将省域高质量发展水平划分为六类，为 A、B、C、D、E 和 F 类。其中，A 类省份在创新驱动维度方面发展程度最高；B 类省份在对外开放维度方面表现为高质量；C 类省份在经济质量、民生福祉维度方面发展水平比较相似，表现为这两个维度的高质量；D 类省份表现为在安全保障、社会文明维度方面发展的高质量；E 类省份在民生福祉维度方面发展比较相似，且相较于其他六个维度发展水平相对较高。维度表现为高质量；F 类省份在生态文明、社会文明维度方面发展相似，在该两个维度上表现为高质量。

从图 6–18 至图 6–21 可知，从阶段一到阶段四，省域高质量发展水平的空间聚集特征明显，且呈现集中连片的分布格局。基于各年份省域高质量发展综合指数数据可知，中国东部省份高质量发展水平要高于中部和西部省份。在近 21 年的变化过程中，北京市和上海市的高质量发展水平一直单独位于 A 类和 B 类，从维度的聚类特点看，北京市和上海市在创新驱动维度（A 类）和对外开放维度（B 类）方面发展特别突出，表现为创新和开放的高质量，北京市作为主要的科技中心，其创新水平较高；上海市作为我国的金融中心、贸易中心，其对外开放程度较高。从省域高质量发展指数数据角度，在四个时间阶段，北京市和上海市的高质量发展水平在本书所研究的省域中排名前两位。除 A 类和 B 类外的其他类别省份在不同时间阶段内的空间变化差异较大，具体细节分析如下。

在阶段一和阶段二，发展水平属于 C 类和 D 类的省份主要分布于中国东部沿海区域，虽然具体省份有所差异，但整体的空间布局没有变化。从维度属性角度看，C 类的省份在经济质量和民生福祉维度发展相似，D 类的省份在社会文明和安全保障维度发展相似。C 类和 D 类的省份主要位于珠三角、长三角和环渤海经济带区域，该区域经济水平高，社会进步程度高，也是中国的粮食基地，粮食安全和法治安全程度高。从各省高质量发展综合指数的排名看，属于 C 类和 D 类的省份高质量发展水平在全国的排名也较靠前。E 类的省份在阶段一主要分布于中部，且位于"胡焕庸线"的南部；在阶段二，E 类的省份空间范围跨过了"胡焕庸线"向北部扩张，而 E 类以民生福祉维度发展

图 6-18　省域高质量发展水平在阶段一的空间分异

图 6-19　省域高质量发展水平在阶段二的空间分异

图 6–20　省域高质量发展水平在阶段三的空间分异

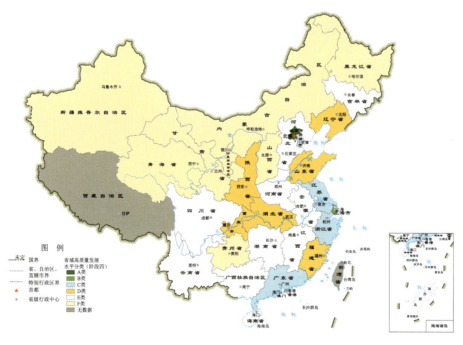

图 6–21　省域高质量发展水平在阶段四的空间分异

水平较高为特点，也说明了以陕西省、湖北省为代表的 E 类省份在区域协调、人民福祉方面发展较好，主要原因是以人为本的区域发展政策，在各省的实施过程中取得了较好成果，人民生活质量得到较大的改善。F 类省份主要分布于中国的西部，但在阶段一和阶段二时期内空间变化不太明显。

从阶段二到阶段三，省域高质量发展水平空间分布变化显著，空间布局变化最明显的有两类。第一类是发展水平属于 E 类的省份，其空间范围明显减小，逐渐向东部靠近；在阶段三，E 类的省份呈现"T"形的空间布局特征，主要为东部沿海省份和长江流域沿线省份。第二类是发展水平属于 F 类的省份，其空间分布范围扩展明显，相较于阶段二，在阶段三时期，F 类的省份遍布中国的中部和西部，省份数量由 7 个增加为 15 个。以生态文明维度发展水平较好为主要特征的 F 类省份增加，这也表明各省在生态保护方面取得了较好的成效，居民更加重视保护环境。

在阶段三和阶段四，发展水平属于 C、D 和 E 类的省份数量增多，F 类的省份数量减少，各类型省份的空间布局也有所变化。在空间分布上，C 类的省份仍然分布于东部沿海区域，从阶段四的省域高质量发展指数水平来看，C 类的省份仅次于北京市和上海市，主要为广东省、浙江省、江苏省和天津市，C 类的省份在经济质量维度的优势更加凸显。D 类的省份在空间上分布逐渐分散，在东部沿海和内陆区域均有分布，表明相关省份在社会文明和安全保障维度方面的发展有所退步。E 类的省份数量有所增加，且集中分布在中国南部的内陆省份，主要代表省份有四川省、云南省和湖南省等，E 类的省份以民生福祉维度发展较突出为特点，也表明各省在民生福祉维度方面的发展效果较好。发展水平属于 F 类的省份主要分布在中国的东北和西北部，主要有新疆维吾尔自治区、甘肃省和黑龙江省等，F 类省份以生态文明和社会文明维度发展突出为特点，F 类的省份数量减少，可能的原因是 F 类的省份以发展旅游业为主，旅游人数不断增加，可能使环境状况变得脆弱，并可能逼近当地的生态环境承载力，在今后的发展中各省需要加强对生态环境的综合保护力度，缓解经济发展与生态环境之间的矛盾，提高区域环境承载力。

二、各维度发展水平

（一）经济质量维度

本书以 30 个省份在四个阶段经济质量维度的三个目标层（经济水平、结构优化和绿色程度）的发展指数作为输入样本，利用 SOM 算法，对省域经济质量维度的发展状况进行分类。最终，本书将 30 个省份经济质量维度的发展状况分为六类，即 A、B、C、D、E 和 F 类。

不同的经济质量维度类别，在经济水平、结构优化和绿色程度三个目标层上具有不同的属性特点。其中，A 类的省份在经济水平目标层上具有明显的突出特征，经济水平呈现高质量；B 类的省份在经济水平和结构优化方面发展表现出高质量，发展较为突出；C 类的省份在经济水平和结构优化方面发展水平较为突出；D 类的省份在结构优化方面发展表现为高质量；E 类的省份在结构优化方面发展比较相似；F 类的省份在结构优化和绿色程度方面发展较为相似。

经济水平很大程度会受到区位条件的影响，而经济结构主要依靠政府的管理和引导发展，绿色经济主要依靠技术更新和工艺迭代，最终实现经济水平的高质量、高效率发展。本部分重点分析各省发展的集聚性是否有大型城市群或核心城市的经济辐射作用。由图 6–22 至图 6–25 可知，近 21 年间，各省域经济质量维度发展的空间布局特征呈现出东部沿海省份变化差异小，中西部省份变化差异大的特点。由此可见，西部省域的经济发展日新月异。

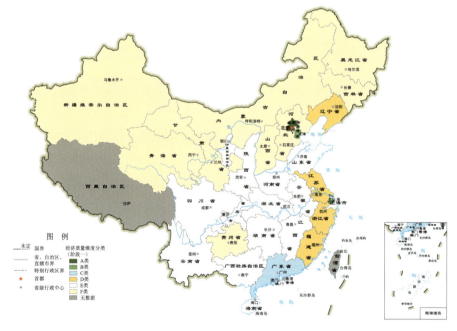

图 6–22　省域经济质量维度发展在阶段一的空间分异

图 6–23　省域经济质量维度发展在阶段二的空间分异

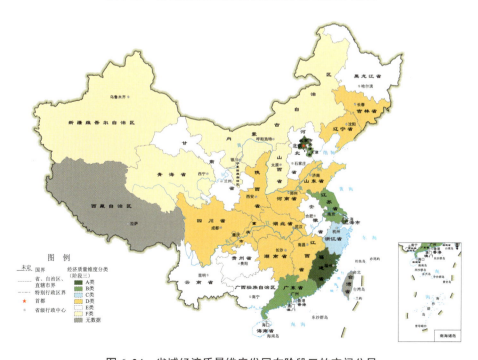

图 6–24　省域经济质量维度发展在阶段三的空间分异

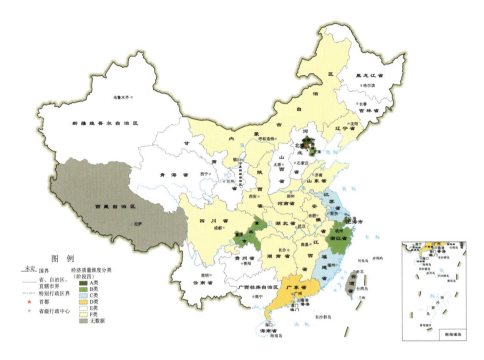

图 6–25　省域经济质量维度发展在阶段四的空间分异

从 21 年的整体变化来看，A 类和 B 类的省份空间布局几乎没有差异，均表现为零星分布。例如，A 类省份主要是北京市和上海市，这两个省级行政区每年的经济质量维度指数都是最高的，领先于其他省份，也在经济水平目标层上表现出较高的发展程度，经济发展优势明显，北京市和上海市作为中国的经济高地和发展龙头，经济体量也较大。天津市长期稳定在 B 类中，浙江省和重庆市在阶段四也是 B 类。B 类的省份在经济水平和结构优化方面发展较好，相似水平较高，虽不及 A 类的省份，但也处于较高层次，从阶段四的经济质量维度指数数据来看，浙江省和重庆市的经济质量维度水平提升较快。C 类和 D 类所包含的省份变化较大，尤其是在阶段三（2011—2014年），属于 D 类的省份空间覆盖范围最广，可能的原因是世界经济受金融危机的影响而发展放缓，中国对外贸易程度降低，依靠内需发展拉动国内经济，导致各省在经济水平和产业结构方面发展放缓，且相似程度逐渐增加。总之，A、B、C 和 D 类省份，均在经济水平、结构优化方面具有相似的发展特征，其发展程度较高，该四类省份主要分布在东部沿海，呈现出连片分布，主要因为东部沿海是我国最早开放的地区，而且交通便利，经济水平较高，产业结构配比合理，并呈现出以京津冀、长三角、珠三角城市群为核心的经济发展空间模式，可见城市群发挥了作为区域经济发展龙头的作用。除 A、B、C 和 D 类的省份外，其他类型省份在各时间阶段的具体空间变化特征如下。

在阶段一和阶段二，各类省份的空间分布情况无明显变化。具体来看，A、B、C 和 D 类的省份主要分布在东部沿海，主要有 9 个省份（北京市、上海市、天津市、辽宁省、山东省、江苏省、浙江省、福建省和广东省），两个阶段主要的差异体现为 B、C 和 D 类的省份之间有小范围的变化。E 类的省份主要分布在秦岭—淮河以南的区域，例如四川省、云南省、贵州省、重庆市等，该类省份的产业结构需要进一步优化，提高高新技术产业等新兴产业的比重。F 类的省份主要分布在中国的西北地区，例如新疆维吾尔自治区、青海省和内蒙古自治区等，该类省份产业技术相对落后，工业污染物排放量较高，在"双碳"目标的要求下，应进一步加强生产技术迭代。

在阶段二和阶段三，D 类和 E 类的省份空间布局出现明显的变化。D 类的省份数量明显增加，其空间分布变化呈现出从东部沿海向内陆延伸的特征。E 类的省份数量减少，其空间分布的范围也由原来的秦岭—淮河以南区域，减小至靠近南部国界线区域，以及中部的少数省份，呈现出散状分布特征。

在阶段三和阶段四，D、E 和 F 类的省份空间布局出现显著的变化。其中，D 类的省份数量大量减少，空间分布呈现出从内陆地区聚集向东部沿海省份分布的特征，与阶段二之前 D 类省份的空间分布范围相似。E 类的省份空间变化呈现出由阶段三的零散布局，变为覆盖中国东北、西北、南部和华北地区的多点集中布局。F 类的省份主要呈现从西北向东南方向转移的变化特点，且数量增加，可能的原因是各省份在发展过程中，在增加内需的同时，绿色经济发展水平有所降低。

（二）创新驱动维度

本书以 30 个省份在四个阶段创新驱动维度的两个目标层（创新投入和创新产出）的发展指数作为输入样本，利用 SOM 算法，将省域创新驱动维度的发展状况划分为 A、B、C、D、E 类。不同的创新驱动维度类别，在创新投入和创新产出两个目标层上表现出来不同的聚类特点。其中，A 类的省份在创新投入和创新产出两个目标层上表现出良好的发展状态，均呈现出高质量的特征；B 类的省份在创新投入目标层上表现突出，呈现出高质量发展特征；C 类的省份在创新产出目标层上表现突出，表现为高质

量的特点；D 类的省份在创新产出目标层的表现较为突出，但创新产出目标层的发展
水平相对较低；E 类省份在创新投入和创新产出两个目标层上发展状况类似，均表现
为发展水平较低的特征。

　　从阶段一到阶段四期间，省域创新驱动维度发展状况的空间分布变化不明显。在
研究期内，只有创新驱动维度发展状况属于 D 类的省份空间布局发生了变化，主要变
化体现在由阶段一的散状分布，转变为阶段四的中部区域条状连片分布，在阶段四空
间分布呈现了"T"字形模式。北京市和上海市在该期间创新驱动维度发展水平相似，
在阶段四分属 A 类和 B 类，在阶段一均属于 A 类。从属性分类的角度看，A、B 两类
均为创新投入和创新产出表现非常突出。从指数数据和发展状况的角度看，北京市和
上海市的创新驱动维度发展位居全国第一、第二位次，北京市和上海市的经济水平也
相对较高。创新驱动水平与经济质量水平相互关联，较高的创新投入和产出可以直接
促进经济的提高；反之，同样有正向反馈的特点。

图 6–26　省域创新驱动维度发展在阶段一的空间分异

图6–27　省域创新驱动维度发展在阶段二的空间分异

图6–28　省域创新驱动维度发展在阶段三的空间分异

图 6–29 省域创新驱动维度发展在阶段四的空间分异

除 A 和 B 类的省份外，其他类别的省份空间分布变化差异较大，具体变化特征分析如下。在阶段一和阶段二，省域创新驱动维度发展的空间分布变化差异较小，其中有细微的两处差异，第一，D 类的省份在该期间内有所增加，但空间分布零散。第二，C 类的省份在该期间内虽然数量有所减少，但是整体的空间布局依然集中在中国东部沿海地区。E 类的省份是主要的分布类型多在中西部地区。E 类的主要特征是创新投入和创新产出方面均表现较差，可能与省份的经济状况有一定程度的联系，经济水平较低，导致科技创新投入较少，相应地创新产出也较弱。

在阶段二和阶段三，省域创新驱动维度发展的空间布局变化差异非常小，仍以 D 类和 E 类的省份发生变化为主。空间布局表现为 E 类的省份分布于中国中部地区，A、B、C 和 D 类的省份分布于东部沿海和内陆少数省份。D 类的省份减少，E 类的省份增加的主要原因是国家在十八大中提出区域创新发展战略后，各省增加了对创新的投入，导致各省在创新投入和产出方面发展趋于平衡。

在阶段三和阶段四，省域创新驱动维度发展的空间布局变化依然非常小，仍然表现出以 F 类的省份分布于中国中西部，D 类的省份贯穿华中和华东地区，其他类型的省份分布在东部沿海的特点。其中，D 类的省份在阶段四的空间布局相较于阶段三的零散分布更加集中连片，在华中和华东地区连贯分布。总之，以京津冀、长三角、珠三角等特大城市群为核心的经济发展高地，在创新驱动方面，并未明显地带动周边省份的发展，在城市群的核心城市的创新提升方面，其虹吸效应和集聚效应非常明显。此外，E 类的省份数量减少，表明创新驱动战略的实施，极大地促进了各省在创新投入和创新产出两方面的发展，因此在创新投入和创新产出两方面均表现低下的省份逐渐减少。在今后的发展中，应该注重实施核心省份对其他边缘省份的对点帮扶等措施。

（三）对外开放维度

本节用 30 个省份对外开放维度的思想交流和对外贸易两个目标层在阶段一至阶段四的发展指数数据作为输入样本，利用 SOM 算法，对省域对外开放维度发展状况进行分类。本书将省份对外开放维度发展水平划分为五类，即 A、B、C、D 和 E 类。

不同对外开放维度发展的类别，在思想交流和对外贸易两个目标层上表现出不同的特点。其中，A 类的省份在思想交流和对外贸易两个目标层方面均表现出高质量的特点；B 类的省份在思想交流目标层方面发展较为突出，表现为高质量特征；C 类的省份在对外贸易目标层方面表现较为突出，呈现出高质量特点；D 类的省份在思想交流和对外贸易目标层上表现相似，均表现为高质量特征，但水平相对较低；E 类的省份在思想交流和对外贸易目标层上同样表现相似，但在两个目标层上发展水平都很低。

由图 6-30 至图 6-33 中可知，在阶段一和阶段二，省域对外开放维度发展的空间分布情况变化较大。阶段一整个东部沿海以外的省域均属于 E 类（思想交流和对外贸易发展均较低），到阶段二，各类别省份空间分布较为均匀，结合省域对外开放维度发展的指数数值，本书发现该现象表明对外开放维度发展程度的空间布局在整体上呈现为东部沿海省份高、内陆省份低的特征，且随着时间发展，这种两极分化的特点在逐渐弱化，尤其是在阶段四，不再是东部沿海高而内陆省份低的两极分化布局，而是渐趋均衡的状态。此外，具有明显共同特征的是 A 类、B 类和 C 类省份。整体来看，在研究期内，上海市和北京市是始终属于 A 类和 B 类的省份；在阶段三，B 类的省份增加了天津市和广东省。从省域对外开放维度的发展指数数值看，上海市和北京市每年都是对外开放程度最高的省份，表明其思想交流和贸易交流的开放程度高。C 类的省份的空间布局在阶段三时期也表现出一致连续性，主要涉及的省份是辽宁省、天津市、江苏省和浙江省，均位于东部沿海区域。在四个阶段，属于 A、B、C 类的省份未发生变化的主要原因是这些省份拥有国家对外贸易的大港口，是国家改革开放的前沿阵地。而且，对外开放维度与经济质量维度、创新驱动维度的发展情况相关联，对外开放是推进高质量发展和经济发展、提高创新科技能力的重要抓手。中国的东部沿海省份在对外开放方面具有有利的区位优势。而 A、B、C 类的省份以外，其他类别省份的空间分布变化差异较大，具体变化特征分析如下。

在阶段一和阶段二，省域对外开放维度发展的空间布局变化最大的是 D 类和 E 类的省份。相较于阶段一，阶段二 D 类的省份数量有所增加，空间分布特征为由东部省份向内陆延伸，集中分布仅体现在中部四个省份（四川省、重庆市、湖北省和陕西省），其余为多点离散分布。E 类的省份空间分布主要集中在中国的中西部地区，根据对外开放维度发展指数，E 类的省份对外开放发展水平在全国省域中排名较低，因为深处内陆，经济发展水平整体较低，区位优势较欠缺，今后应抓住"一带一路"战略带来的发展优势，深度融合改革模式，提高开放程度。

图 6–30 省域对外开放维度发展在阶段一的空间分异

图 6–31 省域对外开放维度发展在阶段二的空间分异

图 6–32 省域对外开放维度发展在阶段三的空间分异

图 6–33　省域对外开放维度发展在阶段四的空间分异

　　从阶段二到阶段四，省域对外开放维度发展的空间布局变化最大的是 D 类和 E 类的省份。其中，D 类的省份由阶段二的多点分散式布局，到阶段四的中部和东部连片分布；E 类的省份空间范围有所减少。这种变化趋势表明了中国中西部省份对外开放维度的发展水平与中国东部沿海省份相比，差距逐渐缩小，实施区域统筹发展和"一带一路"发展战略有所成效。

（四）社会文明维度

　　本节用 30 个省份社会文明维度内的文化建设和教育事业两个目标层在阶段一至阶段四的发展指数作为输入样本，利用 SOM 算法，对省域社会文明维度的发展状况进行分类。省域社会文明维度的发展水平划分为五类，即 A、B、C、D、E 类。不同社会文明维度的类型，在文化建设和教育事业目标层方面具有不同的聚类属性。其中，A 类的省份在文化建设目标层方面表现出高质量的特征；B 类的省份在文化建设和教育事业两个目标层上发展情况比较相似，发展程度比较均衡；C 类的省份在教育事业方面发展水平较低；D 类的省份在教育事业方面发展较突出，高质量程度较高；E 类的省份具有在文化建设和教育事业两个目标层方面发展均较差的特点。

　　由图6–34至图6–37可知，从阶段一到阶段四，省域社会文明维度发展状况的空间分布差异明显，具有明显共同特征的是A类和B类的省份。在近21年的发展中，上海市一直属于A类，社会文明维度发展指数均排首位，表明社会文明程度最高，主要原因是上海市重视群众文化的传播，在教育投入和各阶段教育的建设都居较高水平。B类的省份以北京市和新疆维吾尔自治区为主，尽管个别年份该类别的省份有所增长，但是总体而言北京市和新疆维吾尔自治区的社会文明水平比较稳定，根据数据显示，北京市和新疆维吾尔自治区的社会文明维度发展水平较高，尤其是新疆的文化建设和北京的教育事业，排名均在前五位。A类和B类的省份数量较少，在空间范围内分布零散，没有明显的特点。C、D、E类的省份在不同时间阶段内，空间变化差异较大，具体细节分析如下。

图6–34　省域社会文明维度发展在阶段一的空间分异

图 6–35　省域社会文明维度发展在阶段二的空间分异

图 6–36　省域社会文明维度发展在阶段三的空间分异

从阶段一到阶段二，C 类的省份在阶段一主要分布于中国的中部区域，到阶段二数量减少，仅剩青海省，且根据阶段二的省域社会文明维度发展水平的数据显示，青海省在该维度的发展指数排名第五，社会文明水平较高，但是青海省教育事业发展水平较低，尤其是高校和义务教育阶段的生师比状况较差。D 类的省份在阶段一主要分布于中国的东南沿海，到阶段二数量增加，向西北方向延伸，空间集聚特征明显，呈半包围状态。E 类的省份在阶段一到阶段二均分散于中部，呈链条状分布。

从阶段二到阶段三，空间区域变化最为明显的是 D 类和 E 类的省份。D 类的省份在阶段二在东北和西南方向上各有一个集聚点，在阶段三，两个集聚点连接，形成连片的空间分布特征，主要分布在黑河—腾冲线以北。另外。E 类的省份数量没有变化，但是其空间聚集的态势明显。在阶段二，E 类的省份尽管相邻，但是空间分布形态过于修长，没有形成集聚态势，而在阶段三，E 类的省份在中部和南部出现集聚的态势。

从阶段三到阶段四，省域社会文明维度发展水平的空间变化较明显的是 C、D、E 类省份。其中，C 类的省份在阶段三时只有青海省一个省份，到阶段四时增加了五个其他省份（宁夏回族自治区、天津市、山东省、福建省和广东省），在空间上由西部向

图 6–37　省域社会文明维度发展在阶段四的空间分异

东部发展，但仍呈现零星分布的情况。D 类的省份在该期间数量减少，在空间分布上呈现出由西南向东北缩减的态势，但仍然为连片集中的空间分布特征。E 类的省份数量有所增加，但是空间布局上没有明显变化。

（五）生态文明维度

本节用 30 个省份生态文明维度内的两个目标层在四个阶段的发展指数作为样本，利用 SOM 将省域生态文明维度的发展状况划分为 A、B、C、D、E 类。在不同生态文明维度的类别中，生态保护和环境质量两个目标层具有不同的属性。其中，A 类的省份在生态保护和环境质量两个目标层上均表现突出，发展水平都较高，表现为高质量发展状况；B 类的省份在环境质量目标层方面表现突出，表现为该方面发展较为高质量；C 类的省份在生态保护目标层方面具有发展较差的特征；D 类的省份在生态保护目标层方面具有较为高质量的特征；E 类的省份在环境质量目标层方面具有发展较差的特征。

图 6-38   省域生态文明维度发展在阶段一的空间分异

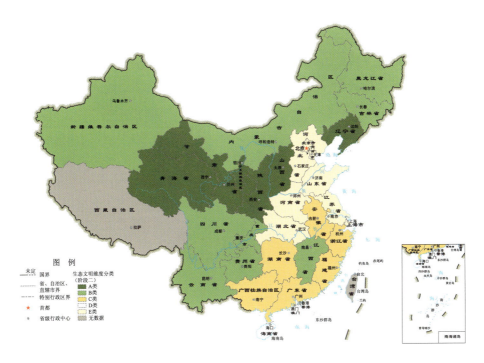

图6-39　省域生态文明维度发展在阶段二的空间分异

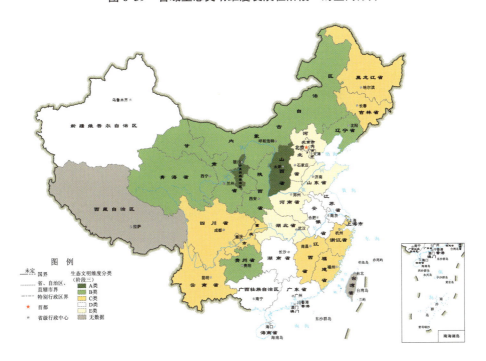

图6-40　省域生态文明维度发展在阶段三的空间分异

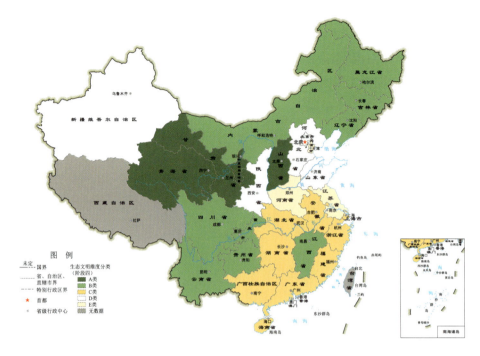

图 6-41　省域生态文明维度发展在阶段四的空间分异

从图 6-38 至图 6-41 可知，在四个阶段期间，各省生态文明维度发展水平的空间分布差异性较大。在研究期间一直具有相同类别的省份是宁夏回族自治区，为 A 类，宁夏回族自治区在环境质量和生态保护方面具有较好的发展，主要原因是宁夏回族自治区本身环境状况较好，且保护工作开展较为到位，尤其是在植被恢复和生态修复工作方面。生态文明维度在发展过程中，受其他因素的影响较大，且非常敏感，因而各省生态文明维度发展水平的空间分布变化情况较多，在各阶段中，不同类别的省份空间分布差异也较大。下面以各时间阶段为基础，分析不同类型的省份空间变化的特征。

首先，从阶段一到阶段二，发展状态属于不同类别的省份空间变化差异显著。其中，A 类的省份数量增加，从集中在中部偏西的区域（青海省、甘肃省和宁夏回族自治区），逐渐向东部发展（增加了陕西省和山西省），根据两个阶段的省域生态文明维度的发展指数数据，A 类的省份在全国排名中位次靠前，青海省在生态文明维度发展水平方面位居首位，山西省和陕西省在生态文明维度的发展提速较快，主要原因是各省注重生态保护，加快推进了环境污染的治理并加大投资力度，改善了工业企业的工艺流程。B 类的省份逐渐向东北和西南方向转移。C 类的省份主要集中在北部和南部两部分区域，到阶段二属于该类的省份数量减少，在空间上仅集中于南部区域，以浙江省和福建省为主。D 类在两个阶段均为海南省。E 类的省份由最初的分散分布演变为以京津冀城市群为核心的集聚分布，主要原因可能是该区域经济的快速发展以牺牲一部分环境状况为代价，经济发展对地表水、空气、土壤和植被的影响比较显著。

从阶段二到阶段三，A 类的省份减少，仅剩宁夏回族自治区和山西省，根据阶段三的数据，两个省份的维度指数最高，表明宁夏回族自治区在生态文明维度发展方面一直保持较高水平，山西省的生态文明维度发展也逐渐提高。B 类的省份减少，空间分布上仍集中在中部区域。C 类的省份增加，从阶段二集中于东南沿海，演变为阶段三集中于东南沿海、西南边界和东北边界。D 类的省份数量增加，空间分布却分散，空间集聚性不强。E 类的省份空间位置变化较小。B 类的省份减少，而 C、D 类的省份增加，表明更多的省份在生态保护目标方面的发展有所下降，2010 年前后正是中国环境污染最为严重的时期，尤其表现在空气污染方面。

从阶段三到阶段四，A 类和 B 类的省份数量增加，在空间上占据了东北三省（黑龙江省、吉林省和辽宁省）、西南四省（云南省、四川省、重庆市和贵州省）和中西部四省（宁夏回族自治区、山西省、甘肃省和青海省），呈现出集中且连片的特征，根据阶段四的数据，青海省是所有省份中生态文明维度发展水平最高的。C 类的省份在空间上更加聚集，从多点分布向南方省份聚集。D 类的省份整体上由南向北转移，其中新疆维吾尔自治区没有变化。E 类的省份减少，在阶段四仅剩天津市、江苏省和河南省，根据阶段四的维度数据，这三个省份在全国省域排名中居后三位。A、B 类的省份增加而 E 类的省份减少，表明了各省在生态保护和环境质量提升方面都取得了一定的成效。

（六）民生福祉维度

本节用 30 个省份民生福祉维度内的三个目标层（卫生健康、人民福祉和区域协调）在阶段一至阶段四期间的发展指数数据作为输入样本，利用 SOM 算法，对省域民生福祉维度的发展状况进行分类。本书将省域民生福祉维度发展水平分类划分为四类，即 A、B、C 和 D 类。

不同的民生福祉维度类型中，在卫生健康、人民福祉和区域协调三个目标层方面具有不同的属性特征。民生福祉维度主要考察区域内人民的生活质量、幸福程度，从医疗卫生服务、城乡收入差距、区域收入差距，以及人民休憩条件等方面进行考察，以人为本的发展方针在该维度层得到了较好地体现。不同的区域在不同的民生福祉方面有所突出。其中，A 类的省份在卫生健康和人民福祉两个目标层表现相似且突出，表现为高质量特征；B 类的省份在卫生健康和区域协调两个目标层上表现相似并较为突出，发展状况呈现较为高质量的特征；C 类的省份在区域协调方面表现较差；D 类的省份在人民福祉和区域协调两个目标层方面发展相似，均表现较差。

由图 6–42 至图 6–45 可知，在四个阶段，省域民生福祉维度发展状况的空间分布差异变化较大，具有明显共同特征的是 A 类和 B 类的省份。整体而言，北京市和上海市的民生福祉维度发展类别在四个阶段内大多属于 A 类，上海市偶尔处于 B 类，表明上海市和北京市在卫生健康、人民福祉和区域协调方面的发展表现具有高质量特征，从省域民生福祉维度的发展指数数据看，北京市在全国各省份中均排名第一，上海市一直处于前四的状态。主要原因可能是北京市和上海市的经济发展水平较高，在人民生活休闲、农村卫生和发展方面具有较好的基础。A 类的省份一直为一个，而 B 类的省份除阶段一的青海省位于中国西部外，其他年份属于该类的省份均位于中国东部沿海地区，只有省份数量和空间覆盖范围的差别，其中阶段四 B 类的省份覆盖范围最为广泛。除 A、B 类的省份外，其他类别的省份空间变化差异较大，具体细节见下。

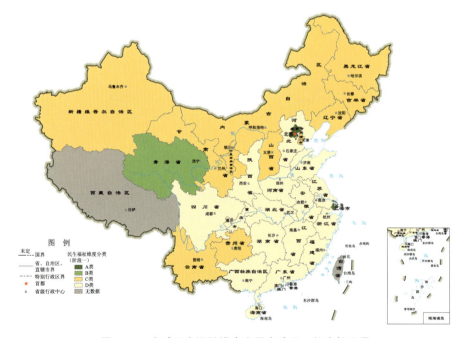

图 6–42   省域民生福祉维度发展在阶段一的空间分异

图 6–43　省域民生福祉维度发展在阶段二的空间分异

图 6–44　省域民生福祉维度发展在阶段三的空间分异

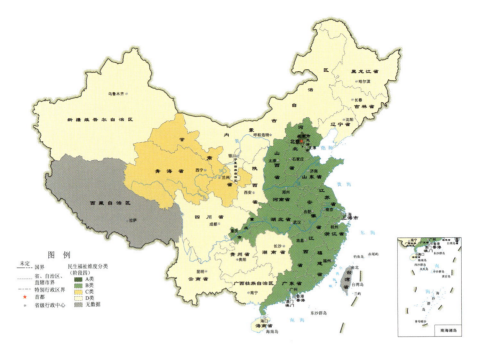

图 6–45　省域民生福祉维度发展在阶段四的空间分异

在阶段一，C 类的省份覆盖了中国的东北和西北大部分地区，呈现连片条状的空间分布特征；到阶段二，C 类的省份覆盖范围缩小，逐渐向东北和西北两个地域集聚。D 类的省份在阶段一位于中国的东南区域，覆盖了大部分省份，呈现出集中连片的空间布局特征；在阶段二，D 类的省份向中部迁移，仍然大范围集中。从 C、D 类的省份空间分布和数量变化特征来看，中国东部和西部在该期间区域协调发展程度降低，城乡差距加大。

从阶段二到阶段三，和从阶段三到阶段四，D 类的省份具有相似的空间布局特征，均位于中国中部和西北部的大部分地域。C 类的省份从阶段二开始逐渐向东部转移，虽然空间上更加聚集，但是数量有所减少，到阶段四仅有青海省和甘肃省。D 类的省份增加而 C 类的省份减少的主要原因可能是乡村振兴、脱贫攻坚等政策的推行，推动中国西部的贫困县发展，使得卫生健康和人民福祉方面均有所提高。

（七）安全保障维度

本节用 30 个省份安全保障维度内的三个目标层（法制安全、粮食安全和灾害损失）

在阶段一至阶段四的发展指数数据作为输入样本,利用 SOM 算法对省域安全保障维度的发展状况进行分类。本节将省域安全保障维度发展水平类别划分为五类,即 A、B、C、D 和 E 类。

不同的安全保障维度类别在法制安全、粮食安全和灾害损失三个目标层方面具有不同的特征。其中,A 类的省份在法制安全和灾害损失两个目标层具有相似的发展状况,表现突出,在该两方面表现出高质量;B 类的省份在粮食安全目标层方面发展最为相似,发展状况较差;C 类的省份在粮食安全目标层方面表现突出,表现为高质量特征;D 类的省份在灾害损失和粮食安全目标层上发展较为相似,且具有发展水平较低的特征,表现为较低的高质量特征;E 类的省份是在灾害损失和法治安全目标层上发展最为相似,且具有发展较差的特征。

由图 6–46 至图 6–49 可知,在四个阶段,不同类型的省份空间分布有一定差异性,其中具有明显共同特征的是 A 类和 B 类的省份。北京市一直处于 A 类,在阶段四,A 类的省份增加了上海市,这是因为北京市和上海市的法治安全较高、较少发生自然灾害,因此均在安全保障维度表现出高质量状况,仅在粮食生产方面有所不足。B 类的省份在阶段一和阶段二均仅有上海市,在阶段三增加至东南沿海区域的六个省份,到阶段四只有天津市和宁夏回族自治区的发展状态属于 B 类的省份,其空间分布特征只在阶段三具有集中分布的特征,其他年份难以归纳出集聚的特点。B 类的省份数量先增加又减少,可能是东部沿海省份在 2013 年自然灾害增加,导致灾害损失目标层发展水平较低,相似程度较高。此外,从四个年份的省域安全保障维度的发展指数数据角度看,北京市安全保障维度的发展水平均为最高,上海市排名第二。C 类的省份在四个阶段均位于中国东北区域,在阶段一还有重庆市和宁夏回族自治区,根据安全保障维度发展指数的数据,C 类的省份在粮食安全目标层的发展最为突出,主要原因是属于该类型的省份主要地处被称为"中国粮仓"的东北地区,而内蒙古自治区也是中国黑土分布的主要地区,农牧业水平较高,最终保证了该区域长期的粮食安全。除A、B、C 类的省份外,其他类别在空间分布方面变化差异较大,具体变化特征分析如下。

图 6–46　省域安全保障维度发展在阶段一的空间分异

图 6–47　省域安全保障维度发展在阶段二的空间分异

图 6–48　省域安全保障维度发展在阶段三的空间分异

图 6–49　省域安全保障维度发展在阶段四的空间分异

从阶段一到阶段二，和从阶段二到阶段三，D 类的省份空间变化趋势表现为从东南沿海向内陆转移；E 类的省份空间变化不大，一直包含中国中西部的大部分省份。从阶段三到阶段四，D 类的省份空间变化表现出与从阶段一到阶段三相反的特征，即从内陆向东南部沿海集聚的变化特征；而 E 类的省份在四个时间节点上的空间布局特征类似，没有明显的变化，主要分布于中国的中部和西部区域，呈现大范围的集中连片特征。D 类和 E 类的省份均在灾害损失方面较为突出，粮食安全方面发展也不稳定，主要原因是 D、E 类的省份大多地形复杂，滑坡、泥石流、暴雨等地质和自然灾害发生频繁，对当地的防灾抗灾水平考验较大，加之西部海拔高、环境恶劣，对粮食产量的影响也较大。E 类的省份在法治安全方面也表现出较差的特征，主要原因可能是西部地区律师工作人员数量不多，在法制宣传和法制意识方面，以及在政府工作的透明度、满意度等方面的发展状况有待加强。

第四节　驱动力分析

本节利用基于突变级数法的障碍诊断模型，分析了 2019 年阻碍 30 个省份高质量发展的障碍因素，并在此基础上分析不同障碍因素对省域发展的驱动程度。本节将影响各省发展程度前五位的指标进行了展示（表 6–2）。表中障碍项目包括障碍因子和障碍水平。障碍因子代表障碍因素，障碍水平的数值越大，表明该指标阻碍省域高质量发展的程度也就越大，其对省域发展的负向驱动能力也就越大。此外，指标按照五个障碍因子的障碍程度的大小进行排序。研究发现阻碍各省高质量发展水平提升的因素具有一定的共性。

第一，河北省、辽宁省、吉林省、山东省、河南省、四川省，以及湖南省和云南省，主要的障碍因子是创新驱动维度下创新投入目标层内的每万人科普专题活动参与人数（In3）和每万人拥有国外技术引进合同金额（In4）。创新投入目标层下的指标对上述省份推进高质量发展的驱动作用最小、障碍作用最大。科普专题活动主要体现了政府对科学的宣传力度，旨在提高群众的科学认知水平和科学参与的积极性，提高群众对科学的兴趣；而引进国外技术主要体现了借鉴国外先进技术，突破我国在技术上的"卡脖子"难题。上述省份一方面省内人口众多，科普活动覆盖人数有限；另

表6-2 2019年省域高质量发展过程的障碍因素分析

省份	障碍项目	指标排序					省份	障碍项目	指标排序				
		1	2	3	4	5			1	2	3	4	5
北京市	因子	Ec3	Sa4	H3	Ec5	S5	河南省	因子	In3	S1	Ec5	In4	O7
	水平	1	1	0.926	0.908	0.904		水平	1	1	1	0.998	0.994
天津市	因子	Ec4	H2	H5	S2	O1	湖北省	因子	O5	O3	In4	Sa1	S5
	水平	1	1	0.987	0.983	0.981		水平	0.991	0.985	0.981	0.975	0.973
河北省	因子	In3	In4	O5	O7	O2	湖南省	因子	In3	O5	In4	O3	Ec3
	水平	0.999	0.998	0.996	0.994	0.989		水平	0.997	0.995	0.994	0.985	0.984
山西省	因子	E7	O2	In3	In4	O7	广东省	因子	Ec6	In3	Sa3	H6	H1
	水平	1	0.999	0.999	0.998	0.993		水平	1	1	0.984	0.983	0.978
内蒙古自治区	因子	O6	In4	O5	In6	In3	广西壮族自治区	因子	S7	H6	Sa5	O2	In4
	水平	0.999	0.998	0.998	0.997	0.996		水平	1	1	1	0.997	0.996
辽宁省	因子	In3	In4	O6	In7	O7	海南省	因子	O6	S3	S4	In3	In1
	水平	0.997	0.989	0.982	0.971	0.969		水平	1	1	1	0.998	0.996
吉林省	因子	In3	In4	O6	O3	O5	重庆市	因子	In6	O2	O6	In3	Ec3
	水平	0.999	0.994	0.993	0.988	0.986		水平	0.994	0.989	0.987	0.983	0.981
黑龙江省	因子	E3	Sa7	O5	In3	E2	四川省	因子	In3	In4	Sa1	O7	O3
	水平	1	1	0.997	0.997	0.994		水平	0.996	0.995	0.987	0.983	0.981
上海市	因子	H5	Sa4	S5	S2	H3	贵州省	因子	O2	In4	O5	O3	In3
	水平	1	0.993	0.963	0.954	0.952		水平	1	0.999	0.999	0.998	0.997
江苏省	因子	O4	S5	H3	In3	Ec2	云南省	因子	In4	S6	O5	In7	In5
	水平	1	1	1	0.992	0.962		水平	1	1	0.999	0.995	0.992
浙江省	因子	Ec1	Sa4	O2	In3	O7	陕西省	因子	H4	In4	In3	O3	O2
	水平	1	0.977	0.976	0.973	0.968		水平	1	0.995	0.993	0.979	0.977
安徽省	因子	H1	In3	In4	O5	S3	甘肃省	因子	E1	E2	O7	H7	O5
	水平	1	0.999	0.989	0.987	0.985		水平	1	1	1	1	1
福建省	因子	Sa3	S5	In3	In4	In6	青海省	因子	O3	O5	H8	O2	O1
	水平	1	0.995	0.995	0.993	0.991		水平	1	1	1	0.999	0.998
江西省	因子	Sa1	Sa6	H1	In4	In3	宁夏回族自治区	因子	E5	O1	S2	In4	O6
	水平	1	1	0.999	0.996	0.994		水平	1	1	1	0.999	0.998
山东省	因子	In3	In4	O7	O5	In2	新疆维吾尔自治区	因子	E4	E6	In1	In2	In5
	水平	0.999	0.979	0.975	0.970	0.957		水平	1	1	1	1	1

注：具体的指标及含义见表3-8。

一方面大多位居内陆，以农业和工业为主的省份和依靠老工业基础的省份居多，要将传统工艺和国外技术进行结合可能存在一定的难度。提高自身的科技创新水平和通过引进先进技术发展创新产业，都是今后上述省份提升创新驱动能力的重点关注路径。

第二，北京市、天津市、广东省和浙江省的主要障碍因素是生态文明维度下的指标自然保护地面积占辖区面积比重（Ec1）、工业污染治理投资完成额占 GDP 比重（Ec3）、地表水水质优良比例（Ec4）和化肥施用强度（Ec6），以及安全保障维度、粮食安全目标层下的指标人均粮食产量（Sa4）。以上省份具有中国的大型城市或超大型城市，经济密度高，城市化水平高，城市用地较多，导致生态用地和耕地面积减少，生态环境状况和粮食产量欠佳。在今后的发展过程中，上述省份应重视生态环境的改善，并加大相应资金的投入力度，细化省份的主体功能区规划，继续推进落实水质和土壤质量保护等工作。

第三，山西省、黑龙江省、甘肃省、宁夏回族自治区和新疆维吾尔自治区的主要障碍因子是经济质量维度下绿色程度目标层的指标单位 GDP 的 CO_2 排放量（E7）、结构优化目标层的非农产业增加值占比（E3）和高技术产业增加值占 GDP 比重（E4）等。上述省份整体经济水平在研究的 30 个省份中处于中下水平，产业结构以传统的第二产业为主，高新技术产业为代表的新兴产业较少，在"双碳"目标下，上述省份实行的经济模式没有很好地起到减排效果。今后发展中应注重加强产业结构转换和节能减排方面的工作。

第四，上海市、安徽省和陕西省的主要障碍因子是民生福祉维度下人民福祉目标层的人均公园绿地面积（H5），以及卫生健康目标层下的农村卫生厕所普及率（H4）和每万人卫生技术人员数（H1）。上海市是中国的超大型城市之一，经济体量大、人口众多，但省域面积小，各种类型的用地矛盾突出，其中人均公园绿地面积较少，影响人民休憩。卫生技术人员数少是安徽省高质量发展的主要短板，今后应增加医护人员的就业比例，加强卫生技术人员的保障。陕西省在农村卫生方面的发展有所欠缺，农村居民的卫生健康是"三农"问题的关键。

第五，福建省和江西省的主要障碍因子是安全保障维度粮食安全目标层下的农药使用强度（Sa3），和法制安全目标层下的每万人律师工作人员数（Sa1）。福建省作为我国第一批生态文明建设试点省份，生态环境保护取得了较大的成效，但是在粮食安全方面应该注意农药的使用强度问题。律师工作人员数量少是江西省高质量发展的主要障碍，表明该省今后在法制宣传和增强法律意识方面应该有所重视。

第六，广西壮族自治区高质量发展的主要障碍因子是社会文明维度下教育事业目标层的义务教育阶段生师比（S7）。该指标代表了小学初中阶段的生师配比情况，广西壮族自治区整体经济水平较低，随着近年的教育普及，学生入学率提高，但是相应的教师人数较少，难以为学生提供更高质量的教育。

第七，内蒙古自治区、海南省、贵州省、江苏省、湖北省、青海省和重庆市的主要障碍因子来自对外开放维度下的五个指标，分别是每万人对外承包工程营业额（O6）、每万人在境外从事劳务合作人数（O2）、人均实际使用外资金额（O4）、人均外商投资企业进出口总额（O5）和人均货物进出口额（O3）。除海南省、江苏省外，上述其他省份都居于内陆，国际交流与贸易较少，造成对外开放程度不高，今后应该加大开放力度，紧抓"21世纪海上丝绸之路"和"丝绸之路经济带"所创造的贸易格局，使得国内市场与国际市场进一步融合。海南省应该借助自由贸易港的建设，进一步深化发展对外开放格局。近年来江苏省的对外开放取得了巨大成就，但还应高效利用外资，加速本地企业的技术进步。

第五节　小结

本章基于省域高质量发展评价指标体系，利用区域发展质量评价的综合指数分析框架，对中国30个省份在1999—2019年的发展状况进行了时空分析和驱动力分析。本章发现，首先，"1+7+18+N"多层次评价体系框架在省域尺度上具有良好的适用性，而且通过一定的差异化修改，可以更加符合各省域面向高质量发展的实际需求，可见该评价指标体系框架具有较好的延展性。其次，在时间尺度上，30个省份的综合发展水平和在七大维度上的发展水平变化各异，整体表现为高质量水平提高，但其中较为特殊的是生态文明维度，有4个省份出现发展水平降低的情况，可见走以生态文明为核心的经济发展之路道阻且长。基于30个省份在七大维度上表现的时间序列变化，本章将省域的发展状况划分为四个阶段，分别是1999—2001年、2002—2009年、2010—2013年、2014—2019年。再次，在空间尺度上，综合发展水平和各维度发展水平在四个时间阶段上的变化有一定的规律性，主要表现为东部省份在多个维度或目标层上具有高质量发展的表现特征，而且东、中、西部的省份发展水平差异逐渐缩小。最后，在驱动力方面，本章仅对 2019 年影响 30 个省份高质量发展的前五大因素进行了分析，各省的障碍因素差异较大。

第七章　青藏高原县域单元高质量发展状态的时空评价

在县域尺度下，以县域高质量发展评价指标体系为基础，利用基于熵权法的综合指数模型和基于突变级数法的障碍诊断模型，本章评价了 2010—2019 年中国境内青藏高原县域的高质量发展整体状况和分维度发展状况[①]，并分析了影响县域推进高质量发展进程的驱动因素。此外，还在 2010 年和 2019 年两个时间节点上，分析了青藏高原县域高质量发展的空间分布特征。

第一节　研究区概况和研究时间选择

一、研究区概况

青藏高原作为"世界屋脊""地球第三极"和"亚洲水塔"，环境恶劣、资源丰富，该区域的经济发展和环境保护之间矛盾突出。而且该区域在中国境内的部分整体位于中国的西部，社会经济发展较为落后，亟须对其向高质量发展转变提出重要建议（王翔宇等，2022），也是本书将该区域作为研究区的重要原因。

青藏高原的范围众说不一，本书采用张镱锂等（2021）提出的青藏高原空间范围边界。该版本的青藏高原空间范围在当前地理学者对青藏高原范围的界定研究中较全面、较完整且发布时间最新，故选用之。以 2019 年的县级行政区单元为准，青藏高原

---

① 以下青藏高原县域仅指中国境内部分，不再单独强调。

在中国境内的区域共有 221 个县级行政区，其中包括 6 个省级行政区。在县域数量方面，西藏自治区有 74 个，青海省有 45 个，四川省省有 48 个，云南省有 12 个，甘肃省有 28 个，新疆维吾尔自治区有 14 个。

青藏高原空间范围的界定经过了漫长且坎坷的路程，主要是受到科学技术和地形险峻等因素的制约。随着科学研究的深入和技术手段的升级，青藏高原的边界范围在持续更新，其范围界定将更加准确、精细。最早于 1987 年，李炳元（1987）对青藏高原的范围进行了论证，随后，张镱锂等（2002、2014）对青藏高原范围进行了更新。考虑到西藏自治区数据收集难度较大，因而前文没有对其进行省域尺度上的高质量发展状况评价。本章选择在青藏高原县域尺度上进行高质量发展状况的精细化讨论，其中包括了西藏自治区的 74 个县域，即其全部的县域单元，目的之一是尝试在更精细化的尺度上分析西藏自治区的发展状况，以弥补省域尺度上对西藏自治区分析的缺失。

二、研究时间选择

本书选择 2010 年和 2019 年作为研究时间节点主要有三个考虑。第一，考虑到县域数据在长时间序列上获取难度较大，故选取特殊的时间节点。第二，时间点的上限需要选择最近年份，获取的数据能够较全面。第三，时间点的下限与十八大的召开时间相近，因为十八大召开之后，国家实施了较多的与生态—经济协调发展相关的政策。

第二节　数据制备

一、数据来源

本书应用指标的原始数据来源不尽相同。其中，人均 GDP、非农产业增加值占比、每万人中小学在校生人数、人均农业机械总动力、人均居民储蓄存款余额、每万人医疗卫生机构床位数、人均粮食产量和人均肉类产量指标的原始数据均来源于《中国县域统计年鉴》（县市卷）；单位 GDP 的 CO_2 排放量和单位地区生产总值的 PM2.5 排放量的原始数据来源于中国多尺度排放清单模型（Zheng *et al.*，2018；Li *et al.*，2017a）（http://meicmodel.org）；每万人从事科学研究人数和每万人拥有本科学历以上人数的原始数据来源于中国第五次、第六次人口普查分县资料；路网密度和交通干线影响度的原始数据来源于 OpenStreetMap 数据库；植被增长率指标的原始数据来源于 GlobeLand 30（Chen *et al.*，2014）和处理制作的 1950 年近似植被复原图。

二、数据预处理

针对缺失数据的县级行政区，本书设立以下三大原则进行数据预处理。第一，利用某县域在该指标该年份前后 4 年内的数值进行插值处理。第二，若第一种方法未补齐数据，则利用某县域所处的地级市内所有县域在该指标上的最小值进行代替。第三，若第一、第二种方法均未能补齐数据，判定为无法确定数据，则以无数据处理。最终，无数据的县域有 7 个，即西藏自治区的城关区，云南省的古城区，青海省的城东区、城西区、城中区、城北区和大柴旦行政委员会。此外，双湖县于 2013 年成立，茫崖市于 2018 年设立。因此，在 2010 年的计算中，双湖县和茫崖市也以无数据处理。

针对青藏高原县域尺度上的植被恢复潜力指数，本书用 1950 年的近似植被状况作为青藏高原地区的植被覆盖最大潜力。相较于运用基于相似生境的植被恢复潜力模型计算得到的"植被恢复潜力指数"指标，"植被增长率（基准年 1950 年）"指标更能体现区域的自然本底思想，能够更好地反映当前青藏高原地区植被的破坏程度。类似于中国生态红线的设立用于保护区域的生态系统（Bai *et al.*，2018），而 1950 年的植被覆盖情况就是区域植被生长的红线。其中，1950 年的近似植被复原数据是中国科学院植物研究所郑元润根据 20 世纪 50 年代的模拟气候数据和中国 1∶100 万植被图，以及实地调研勘察的验证后，得到的 1km 尺度的模拟栅格数据。1950 年正值中华人民共和国成立初期，百废待兴，尚未进行大规模的现代化建设，因此可假设 1950 年青藏高原地区人为影响较小。本书认为该时段的植被分布情况可代表青藏高原地区最原真的植被状态，故将植被增长率指标的基准年定为 1950 年，基于此的植被增长率最能真实地反映出青藏高原地区的植被类型在人为影响期间内的变化。该方法能够在一定程度上解决因为地形和海拔等因素造成的植被覆盖的地区间差异问题。

第三节　青藏高原县域单元高质量发展状态的时间评价

一、青藏高原县域高质量发展综合水平

本书利用熵权法计算了青藏高原县域 2010 年和 2019 年的高质量发展综合指数。

选取 2019 年青藏高原县域高质量发展指数排名前 20 的县级行政区，进行 2010 年和 2019 年区域高质量发展综合指数的可视化处理。根据基于熵权法的综合指数模型可知，各县域在 2010 年和 2019 年的发展指数因为指标权重不同，指数间不可比。因此，为了更方便地对比各县域高质量发展状况在时间序列上的变化，本节将每年的县域指数进行排序（指数最高排名为 1，采用升序排名），将各县域位序增加值（2019 年相较于 2010 年）进行展示。

从图 7-1 可以看出，青海省格尔木市的区域高质量发展指数在 2010 年和 2019 年均最高，县域排名保持不变。格尔木市是中国西部重要的交通枢纽，经济发展水平较高，自然景观秀丽，人民幸福感较高。在十年的研究期内，县域排名提高最多的前两位县级行政区分别是拉萨市达孜区和拉萨市堆龙德庆区。达孜区是位于拉萨市的中心城区，县域排名提升了 32 位，其自身经济水平较高，且社会文明和民生福祉维度得分提高明显，以人为本的政策理念在该区域得到很好的实践。而堆龙德庆区十年来在创新投入和社会文明方面投入较高，其县域排名提升了 26 位。县域排名降低最多的是青海省海东市平安区，降低了 11 个位次，其在粮食保障维度的得分降低，在粮食和肉类产量方面表现较差。

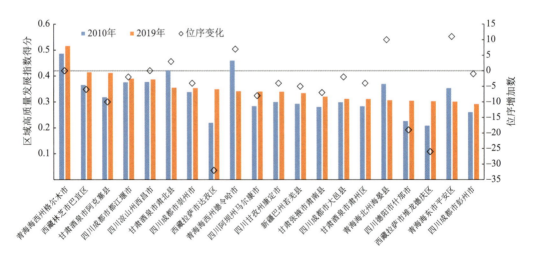

图 7-1　2010 年和 2019 年青藏高原部分县域的综合发展指数和位序变化

二、青藏高原县域各维度发展水平

本节以青藏高原县级行政区为研究单元，基于青藏高原县域高质量发展评价指标体系，利用熵权法，分别得到 2010 年和 2019 年经济质量、创新驱动、对外联系、社会文明、生态文明、民生福祉和粮食安全七个维度的发展指数。选取 2019 年青藏高原县域高质量发展综合指数排名前 20 位的县级行政区，进行可视化处理。各县 2010 年和 2019 年各维度的发展指数数值是不可比的。因此，本书将县域每年在各维度上的发展指数进行排序，县域的位序（指数最高排名为 1，采用升序排名）增加的数量（2019 年相较于 2010 年）在下文进行展示，便于对比分析县域各维度发展状况在时间序列上的变化。

（一）经济质量维度

针对部分县域在经济质量维度上的发展情况（图 7–2），分析青藏高原特殊县域的经济方面的发展状况。位序增加值为正，表明该县域相较于 2010 年，在 2019 年发展指数位序有所降低，即在 2019 年经济发展水平有降低的情况。

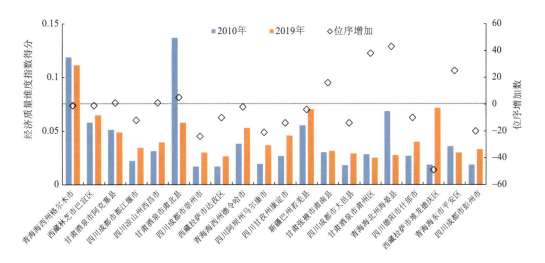

图 7–2　2010 年和 2019 年青藏高原部分县域的经济质量维度指数和位序变化

从图 7–2 中可知，相较于 2010 年，青藏高原大部分县域高质量发展经济质量维度发展的位序有所提升。首先，在 2019 年经济质量维度发展水平最高的是格尔木市，格尔木市作为青藏高原地区的重要经济龙头，经济发展水平较高，产业结构得到了有效调整，人均 GDP 和非农产业增加值方面发展突出。此外，CO_2 排放方面表现为工业生产造成的污染物排放情况有所缓解，减碳行动具有成效，且相较于 2010 年，格尔木市的排名提升了一位。其次，相较于 2010 年，有 7 个县级行政区的位次发生了降低，降低最多的是青海省海北藏族自治州的海晏县，降低了 43 个位次，主要原因是单位 GDP 的 CO_2 排放水平较高，未来在固碳、减碳方面的工作需要进一步加强。再次，相较于 2010 年，位次提升最多的是堆龙德庆区，提升了 49 个位次，堆龙德庆区作为拉萨市的市辖区，产业结构优化效果明显，产业技术升级带来的燃料利用率提升，使 CO_2 等废气排放减少，人均 GDP 增加。

（二）创新驱动维度

从图 7-3 中可知，相较于 2010 年，青藏高原大部分县域的位次都发生了降低。相较于 2010 年，创新驱动维度指数排序位次降低的县级行政区有 12 个，提升的有 7 个，另有 1 个县域位次保持不变。首先，位次保持不变的县域是四川省阿坝藏族羌族自治州马尔康市，马尔康市作为一个县级市，位于青藏高原的东南部。其次，2019 年创新驱动维度发展水平最高的县域仍是格尔木市，格尔木市良好的经济发展水平，吸引了大量高学历人才。由于格尔木市以石油化工产业为其主导产业，以石油为主的相关科学研究也较多。再次，相较于 2010 年，创新驱动维度指数位序提高最多的县级行政区是堆龙德庆区，提高了 48 个位次，上文提到在研究时间内，堆龙德庆区也是经济质量维度指数位序提高最多的县域，创新驱动与经济质量水平具有较强的相关性。位序降低最多的县域是四川省德阳市什邡市，降低了 80 个位次，在今后的发展中，什邡市应该加强本科学历以上人才的引进，增加本地外出求学人员返乡就业，依靠本地主导产业，引进与主导产业相关的科研部门，增加当地的科研人员数，促进创新水平的提高，创新驱动维度的提高也可以带动经济质量维度的提高，二者是相互关联、协同发展的。

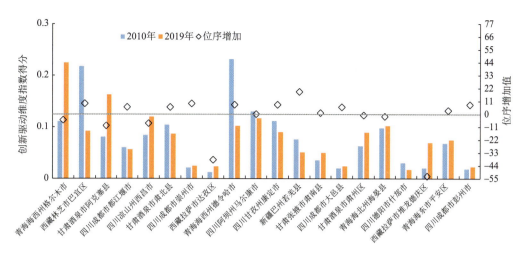

图 7–3　2010 年和 2019 年青藏高原部分县域的创新驱动维度指数和位序变化

（三）对外联系维度

针对部分县域在对外联系维度上的发展情况，分析青藏高原特殊县域的开放程度变化情况。其中主要的分析指标是对外联系维度指数的位序增加值，当位序增加值为正，表明该县域相较于 2010 年，在 2019 年位次有所降低，即对外联系程度有降低的情况。

从图 7–4 中可知，相较于 2010 年，青藏高原部分县域对外联系维度在发展中位序提高的县域有 9 个，降低的县域有 9 个，不变的县域有 2 个。其中，2010 年和 2019 年对外联系维度水平最高的县域均为四川省成都市都江堰市和四川省成都市崇州市，位序变化均为 0。都江堰市和崇州市空间距离较近，处于相邻位置，其 60km 的缓冲区范围内，有多达四个火车站，距离双流国际机场较近，高等级公路密度较高，交通基础设施对提高对外联系能力具有重要作用。相较于 2010 年，对外联系维度发展位序增加最多的县域是四川省德阳市什邡市。绵竹市的位序提高了 57 位，主要原因是在近期成兰铁路的部分线路开通，以及多条高速路建成通车（绵茂公路、成都第三绕城高速等），都提高了所处区域的路网密度和交通优势度，也增大了绵竹市与其他县域联系的潜力。位序降低最多的县域是甘肃省酒泉市肃州区，降低了 52 个位次。对外联系维度考察县域与其他县的交流能力或潜力，主要通过交通能力来体现，尽管 2019 年青藏高原各县的交通设施已经得到了改善，其他县域公路设施建设均有提高，但是由于青藏高原地区环境恶劣、海拔较高、地形复杂，且土质特殊，铁路、高等级公路建设的难度仍较大，因此交通设施建设还需进一步加强，肃南裕固族自治县也应该加大对交通设施的投资力度，增大对外联系的潜力。此外，青藏高原人烟稀少，人口密度小，对高等级道路的需求也相对较小，今后应该根据当地社会经济发展的需要，实时改善地区的交通设施，提高对外联系强度。

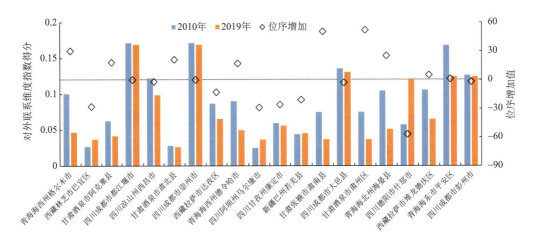

图7–4　2010年和2019年青藏高原部分县域的对外联系维度指数和位序变化

（四）社会文明维度

从图7–5中可知，青藏高原县域社会文明维度发展状况的位序变化。位序提高的县域有8个，位序降低的县域有11个，位序没有变化的有1个。在近十年的发展中，各县域不断重视基础教育发展和产业现代化水平建设。其中位序提高最多的县域是新疆维吾尔自治区巴音郭楞蒙古自治州若羌县，位序提高了47位，主要原因是若羌县在最近的十年间，增加了中小学的教师数量，并提高了农业生产的现代化水平，最终推动了若羌县在社会文明维度的发展。位序降低最多的县域是青海省海北藏族自治州的海晏县，降低了45个位次，海晏县经济质量维度水平也发生了大规模的降低，经济水平发展缓慢，对社会文明也会产生一定的连锁反应，例如教育方面投资力度降低。十年间，社会文明维度发展位序保持不变的县域是四川省成都市大邑县。另外，西藏自治区林芝市米林县在2010年和2019年均排名第209位，社会文明维度方面表现较差，需要进一步提高教育事业投入，并加大力度提高社会现代化水平。

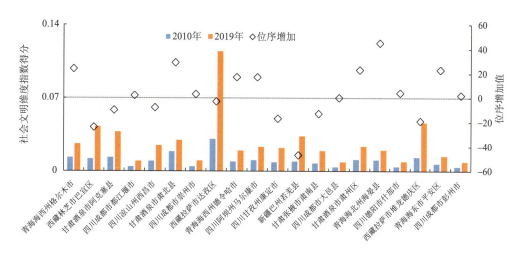

图 7-5　2010 年和 2019 年青藏高原部分县域的社会文明维度指数和位序变化

（五）生态文明维度

2010 年和 2019 年，生态文明维度发展最好的两个县域是西藏林芝市工布江达县和朗县，两个县级行政区均位于林芝市内，表明工布江达县和朗县的植被恢复程度较高，环境质量保持较好，而且工业生产造成的 PM2.5 浓度也较低，工布江达县和朗县的高质量发展综合指数较低，对生态环境的破坏程度较少，污染程度也较低。从图 7-6 中可知，生态文明维度降低最多的县域是堆龙德庆区，降低了 30 个位次，该区的经济发展速度较快，植被破坏强度较高，经济发展过程中产生较多的废气，空气污染较严重。在今后的发展过程中，要注意提高能源利用率和污染物的无害化处理率。而生态文明维度发展水平位次提升最多的是青海省海西蒙古族藏族自治州德令哈市，提升了 23 个位次，该市植被保护力度较高，且工业废气的无害化处理程度高，人类活动造成的 PM2.5 浓度较低。

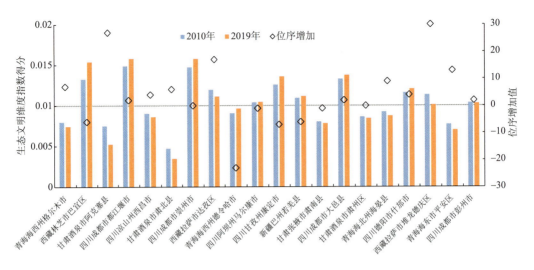

图7-6　2010年和2019年青藏高原部分县域的生态文明维度指数和位序变化

（六）民生福祉维度

从图7-7中可知，在2019年，民生福祉维度发展水平最高的县是西藏自治区林芝市巴宜区，巴宜区作为林芝市的市辖区，经济水平和就业水平较高，人均储蓄存款余额较多，且作为林芝市城市化率较高的县域，医疗水平相对较高。巴宜区相较于2010年，县域民生福祉维度发展水平位序也提升较多，位次提高了76位。2010年民生福祉维度发展水平最高的县域是格尔木市，格尔木市是靠石油等化工产业发展起来的县级行政区，在发展初期民生福祉维度发展水平高于其他县域，在2019年排名降为第二位，民生福祉维度发展仍保持较高水平。

相较于2010年，县域民生福祉维度发展水平位序提高最多的县是西藏自治区拉萨市达孜区，提高了100个位次。达孜区是拉萨市的核心市区，近年来就业水平和人均居民储蓄存款余额有所提升，且医疗卫生方面得到有效改善，尤其是在农村医疗方面，因此民生福祉维度发展较快。而民生福祉维度发展水平位序降低最多的县域是若羌县，位序降低了17位，但是其发展水平没有明显降低，只是增长速率放缓，今后发展中应该提高医疗卫生服务方面的能力，以及居民就业水平和收入水平。

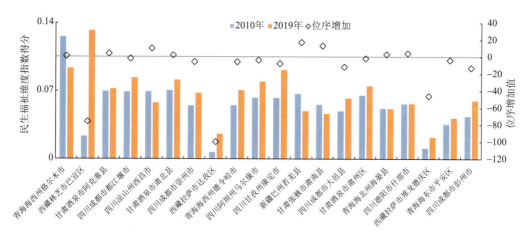

图 7-7　2010 年和 2019 年青藏高原部分县域的民生福祉维度指数和位序变化

（七）粮食安全维度

从图 7-8 中可以看出，相较于 2010 年，大部分县域粮食安全维度水平位次排序以提高为主。在 2019 年，县域粮食安全维度发展水平最高的县域是甘肃省张掖市肃南裕固族自治县，该县相较于 2010 年位序还有所提升，位次提升了 2 位，可见肃南县在粮食产量方面有所提升。在 2010 年，县域粮食安全维度发展水平最高的县域是西藏自治区那曲市申扎县，到 2019 年其位序降低了 2 位，今后发展过程中，需保持当前的农

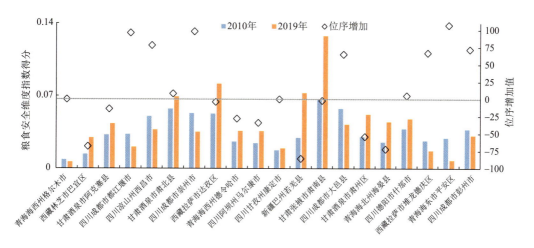

图 7-8　2010 年和 2019 年青藏高原部分县域的粮食安全维度指数和位序变化

业发展强度并推行目前政策。相较于 2010 年，县域粮食安全维度发展水平位序提升最多的县域是若羌县，位序提高了 86 位，可见若羌县在农业生产、畜牧饲养方面发展较快。县域粮食安全维度发展水平下降最多的是青海省海东市平安区，位序下降了 107 位，平安区作为市辖区，十年间经济水平发展迅速，在第一产业方面发展有所减弱，但是为了保障将饭碗牢牢把握在自己手里，今后需要注重对农业和牧业等食品供应类产业的发展。

第四节　青藏高原县域单元高质量发展状态的空间评价

本书将 2010 年和 2019 年青藏高原县域高质量发展水平和各维度的发展水平进行了空间可视化，用于分析区域发展状态的空间分异情况。

一、青藏高原县域高质量发展综合水平

区域高质量发展水平代表了区域在向高质量发展转型过程中的完善程度，体现了区域在七个不同维度上的综合水平。本节将 2010 年和 2019 年经济质量、创新驱动、对外联系、社会文明、生态文明、民生福祉和粮食安全七个维度的发展指数作为输入样本，利用 SOM 算法，对青藏高原县域高质量发展状况进行分类。最终，将青藏高原县域高质量发展状况划分为五类，即 A、B、C、D 和 E 类。

不同区域高质量发展的类别，在七大维度上具有不同的聚类特点。其中，A 类的县域在创新驱动维度的发展方面最为突出，该维度表现为高质量特征；B 类的县域在生态文明维度方面发展较差，其他六个维度的发展水平一般；C 类的县域在粮食安全维度方面发展突出，其他六个维度发展水平较高，表现出较为高质量的特征；D 类的县域在对外联系维度方面发展较突出，该维度发展表现出高质量特征；E 类的县域在七个维度上的发展状况无明显的突出特点，各维度发展水平较低，尤其是在经济质量、创新驱动和生态文明维度方面。

从图 7-9、图 7-10 可知，在 2010—2019 年，青藏高原县域高质量发展水平的空间集聚现象逐渐明显，不同的县域表现为不同的高质量发展类型，县域高质量发展空间分布特征主要有四个特点。第一，E 类的县域包含的数量最多，分布范围也最广，

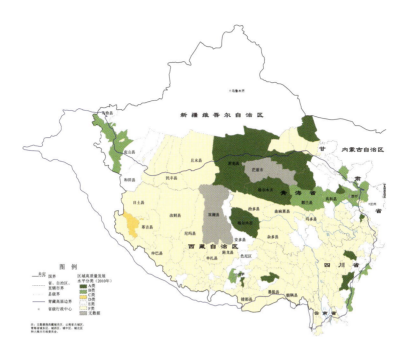

图 7–9　2010 年青藏高原县域高质量发展空间分异

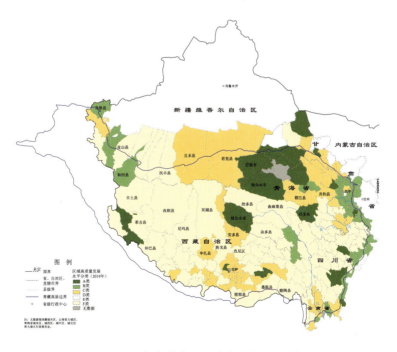

图 7–10　2019 年青藏高原县域高质量发展空间分异

主要位于青藏高原西北—东南方向的中部，呈条形连片状的空间分布形态。E 类的县域在七个维度的发展状况上相似程度较高，但发展程度较低。E 类的县域区域高质量发展综合指数在高原县域中非常低，尤其是在经济质量和创新驱动维度。主要原因可能是 E 类的县域深居高原腹地，交通不便、环境恶劣，经济水平低、科技人才较少，对外联系和粮食安全等方面发展均较为落后。

第二，A、B、C、D 类的县域主要分布在青藏高原的周围区域，在 2019 年以青海省格尔木市和西藏自治区林芝市为核心集聚。其中，A 类和 B 类的县域从 2010 年到 2019 年，由高原北部青海省海西州集聚，变为向青海省海西州和西藏自治区林芝市、山南市的双核心集聚，而且县域数量有所增加。此外，A 类和 B 类的县域具有在经济质量和创新驱动维度发展水平较高，但是在生态文明维度发展水平较低的特点。县域数量增加的现象表明，青藏高原县域的经济和创新水平都有所提升，且整体的高质量发展水平也有一定的提高，但经济的发展会给生态环境带来一定程度的负面影响。例如在 2010 年和 2019 年，格尔木市高质量发展水平均为最高，格尔木市作为青藏高原地区的经济高地，其经济水平和科技创新发展水平较高，在今后的发展中，应注意对生态环境的保护。

第三，C 类的县域由 2010 年的 1 个增加至 2019 年的 50 个，且在 2019 年空间分布集中于高原的东北—西南角，即青海省海西州、甘肃省张掖市和西藏自治区拉萨市等地。C 类的县域在粮食安全维度的发展较为突出，主要原因是这些县的海拔较低，农牧业发展较好，而在 2010 年 C 类的县域数量较少，可能是因为早期的农牧业生产模式不够规范，经营模式不够系统科学，导致粮食安全维度发展突出的县域较少。本节还发现 C 类的县域在 2019 年空间分布集中于 A 类和 B 类的县域周边，A 类和 B 类的县域是经济水平和创新水平较高的县域，C 类的县域集聚于其周围，便于满足 A、B 类的县域对粮食等生活物资的需求。

第四，D 类的县域数量由 2010 年的 53 个减少为 2019 年的 7 个，且在 2019 年空间上主要集中在青藏高原的东部边缘，主要是在四川省成都市附近。D 类的县域特点是对外联系维度发展水平较高，在 2019 年主要分布于东部边缘，原因可能是该区域十年来修建的高等级公路较多，路网密度提升较大。

二、青藏高原县域各维度发展水平

（一）经济质量维度

本小节结合青藏高原各县域在经济质量维度下的三个指标，即人均 GDP、非农产业增加值占比和单位 GDP 的 CO_2 排放量，以 2010 年和 2019 年的指数数值作为输入样本，利用 SOM 算法，对青藏高原县域经济质量维度发展情况进行分类。最终划分为六类，即 A、B、C、D、E、F 类。

不同的经济质量维度类别，在人均 GDP、非农产业增加值占比和单位 GDP 的 CO_2 排放量三方面具有不同属性的聚类特点。其中，A 类的县域在人均 GDP 和非农产业增加值占比两个方面表现较突出，均表现为高质量特征；B 类的县域在人均 GDP 方面表现较突出，表现为高质量特征；C 类的县域在人均 GDP 指标方面发展较为突出，但较之 B 类的人均 GDP 指标，其发展水平仍较低；D 类的县域在人均 GDP 指标方面发展水平相似程度较高，表现为高质量水平，但相较于 B 类水平较低；E 类的县域在三个指标上发展都比较相似，且发展状况均较差；F 类的县域在人均 GDP 方面发展状况均较差。研究发现单位 GDP 的 CO_2 排放量指标在所有县域上发展状况相似，各类县域在该指标的得分平均值均为 0.002 4，没有明显变化，因此不作为聚类的变化特征。

在青藏高原范围内，各县域在非农产业增加值占比和单位 GDP 的 CO_2 排放量指标方面发展状况都不佳，可见高原县域在产业结构和产业技术方面有待进一步改善。本书认为应该借助青藏高原得天独厚的自然景观，提高青藏高原各县域旅游服务业在产业结构中的比重，不仅有助于优化产业结构，而且能够助力实现碳达峰和碳中和目标。

从图 7–11 和图 7–12 可知，在 2010 年和 2019 年，青藏高原县域经济质量维度发展的空间分布规律逐渐明显，主要有四个特点。第一，2010—2019 年，青海省格尔木市均为 A 类的县域，A 类县域在人均 GDP 指标方面发展极为突出，从 2010 年和 2019 年的指数数据可知，格尔木市是县域经济质量维度发展水平最高的，作为经济高地，格尔木市的经济发展水平较高且经济结构较为合理。此外，A 类的其他县域也围绕格尔木市，例如 2019 年的茫崖市和 2010 年的肃北蒙古族自治县。经济质量维度主要反映区域经济发展水平、经济产业结构和经济的绿色程度等方面的优劣状况，因此以格尔木市为核心的经济发展空间模式发展得较为明显。第二，B 类的县域在 2010 年和

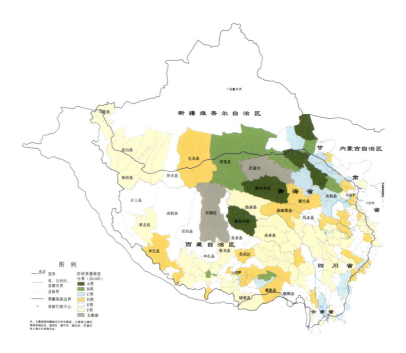

图 7-11　2010 年青藏高原县域经济质量维度的空间分异

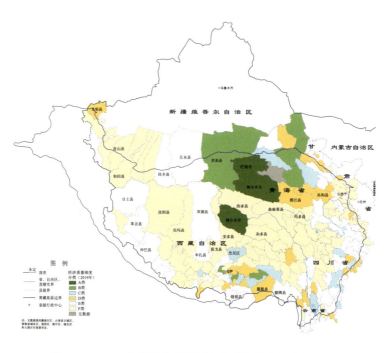

图 7-12　2019 年青藏高原县域经济质量维度的空间分异

2019 年均表现为围绕 A 类的县域分布的特征。B 类的县域在人均 GDP 指标上发展突出，但发展水平略逊色于 A 类，该空间分布特征可以体现出以格尔木市为代表的 A 类的县域具有较强的经济辐射和带动作用。第三，C 类的县域由 2010 年在高原东北角集聚，转变为 2019 年的散点分布；D 类的县域在两个时间点内均为零散布局，在 2010 年和 2019 年均无显著的空间集聚特征。第四，县域经济质量维度为 E 类和 F 类的区域，空间变化也较为明显。2010—2019 年，E 类的县域空间分布逐渐从中部向四周发展，而 F 类的县域空间分布是从中部逐渐扩大，并出现更大的连片范围。E 类的县域在高原的四周分布，主要原因可能是其与边境国家、周边县域的经济贸易对本县的经济质量水平的提高有一定的促进作用；F 类的县域深处高原内部，海拔较高、气候恶劣，经济水平整体较低。

（二）创新驱动维度

本小节将青藏高原各县域在创新驱动维度下的两个指标，即每万人从事科学研究人数和每万人本科学历以上人数，在 2010 年和 2019 年的发展指数数值作为输入样本，利用 SOM 算法，将青藏高原县域创新驱动维度的发展情况进行分类，并进行了空间可视化展示。将青藏高原县域创新驱动维度发展状况划分为四类，即 A、B、C、D 类。这四类县域具有不同的创新驱动发展特点。

不同的创新驱动维度类型，在每万人从事科学研究人数和每万人本科学历以上人数两个指标方面具有不同的聚类特点。其中，A 类的县域在每万人从事科学研究人数方面发展突出，表现为高质量状况；B 类的县域在每万人本科学历以上人数方面发展较突出，表现为高质量发展状况；C 类的县域相比于每万人本科学历以上人数，在每万人从事科学研究方面发展有一定突出的特征，但是比 A、B 类的县域发展水平较低；D 类的县域在上述两个指标方面发展水平都较低，均表现出相似的发展特征。

从图 7-13、图 7-14 可知，2010—2019 年，青藏高原县域创新驱动维度发展的空间格局变化较小。首先，A 类和 B 类的县域在 2010 年和 2019 年分布零散，主要有青海省海西州内的几个县域，例如格尔木市和德令哈市，主要区别在于 2010 年和 2019 年 A 类和 B 类的县域交错出现。而且从数据出发，格尔木市和德令哈市的创新驱动维度发展水平和经济质量维度发展水平都非常高，在全部县域中排名居前两位。A 类和 B 类的县域变化较小的主要原因是青藏高原范围内的县域在经济和创新方面差距较

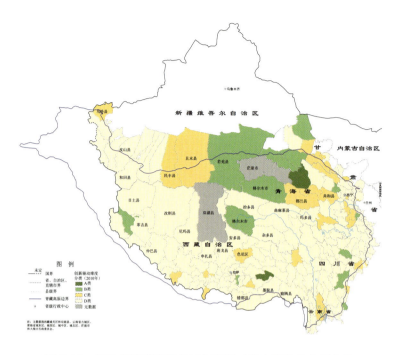

图 7-13　2010 年青藏高原县域创新驱动维度指数的空间分异

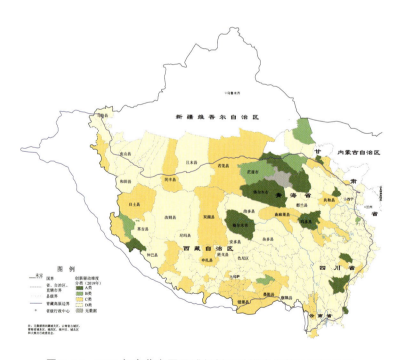

图 7-14　2019 年青藏高原县域创新驱动维度指数的空间分异

大，难以短时间内缩小差距。其次，C 类的县域在 2010 年主要分布在青藏高原的北部，到 2019 年主要分布在青藏高原的北、南和西部的边界处，却并未形成大范围的连片区域。再次，D 类的县域分布在青藏高原的中部，且呈现连片分布的空间特征，涵盖县域数量最多。从类别特征角度看，D 类的县域在每万人从事科学研究人数和每万人本科学历以上人数上发展水平都较低，这与高原中部的县域对外联系较少、经济水平较低有关，D 类的县域在今后发展中应该注重人才引进等政策的有效实施。

（三）对外联系维度

本书用对外联系维度内的路网密度和交通干线影响度指标在 2010 年和 2019 年的指数数据作为输入数据，运用 SOM 算法进行运算，将对外联系维度划分为六类，即 A、B、C、D、E、F 类。

不同的对外联系维度类型，在路网密度和交通干线影响度两方面具有不同的聚类特点。其中，A 类的县域在路网密度和交通干线影响度两方面均较为突出，均表现高质量发展状况；B 类的县域在路网密度方面发展状况较差；C 类的县域在交通干线影响度方面发展突出，表现出高质量状况；D 类的县域在路网密度和交通干线影响度两方面发展水平较高，但相比于 A 类的县域发展水平仍较低；E 类的县域具有在交通干线影响度方面发展特别突出，高质量水平较高，而在路网密度方面发展水平极低；F 类的县域在路网密度和交通干线影响度两方面发展情况均相似，且均表现出发展水平极低的特点。

从图 7–15 和图 7–16 可知，2010—2019 年，青藏高原县域对外联系维度发展水平的空间分异特征明显。首先，从实际数值看，对外联系维度发展水平整体上呈现出由青藏高原东部向西部逐渐降低的特点。主要表现为在交通干线影响度和路网密度水平均表现较好的 A、C、D 类的县域，多分布于青藏高原的东部边缘地带，其中 C 类的县域有一部分集中于高原南部的拉萨市辖区内。此特征可能的原因是青藏高原东部的青海、四川、甘肃和云南等省，地势平缓、交通便利，交通优势显现。其次，E、F 类的县域在空间布局上更加集中，主要变化是 E 类的县域由 2010 年的零散布局变化为 2019 年的向高原北部集聚，F 类的县域由 2010 年的多点分布变为 2019 年的向中部集中分布。这两类县域的共同类型特征是路网密度发展水平较低，可能是由于这两类县域受区域海拔较高等自然因素，以及人口稀少等人文因素的影响，高等级公路和铁路

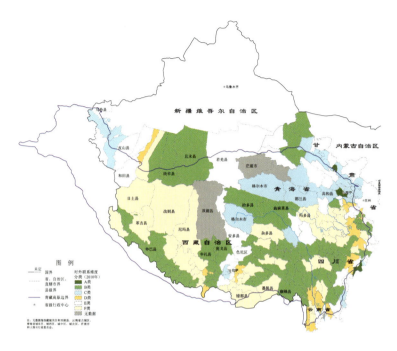

图7-15 2010年青藏高原县域对外联系维度指数的空间分异

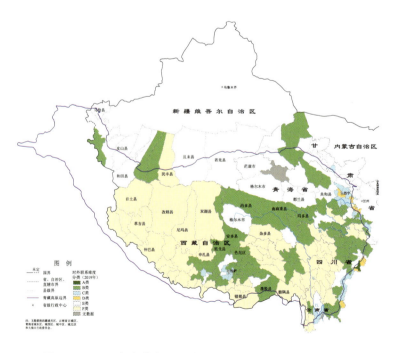

图7-16 2019年青藏高原县域对外联系维度指数的空间分异

建设程度低。此外，基础设施建设难度大，且基础设施需求量较小对此均有一定影响。再次，B 类的县域在 2010 年和 2019 年均零散分布于青藏高原范围内，其特征是路网密度较低，而交通干线影响度发展水平较好，该类型县域空间分布覆盖中部和边缘地区，主要是受到机场、口岸和火车站等重要交通枢纽的辐射作用，该类县域在交通干线影响度方面具有较高的相似程度。

（四）社会文明维度

本小节用青藏高原县域社会文明维度下每万人中小学在校生人数和人均农业机械总动力两个指标在 2010 年和 2019 年的发展指数作为输入样本，利用 SOM 算法，对青藏高原县域社会文明维度发展状况进行分类。最终，将其划分为五类，即 A、B、C、D、E 类，并进行空间可视化。

不同的社会文明维度的类别，在每万人中小学在校生人数和人均农业机械总动力方面具有不同的聚类特点。其中，A 类的县域在人均农业机械总动力方面表现相似且突出，代表其农业现代化水平发展具有高质量特征；B 类的县域在人均农业机械总动力方面发展水平较高，表现为较高质量；C 类的县域在人均农业机械总动力指标方面发展水平较高，但相对于 A、B 类的发展水平却略低；D 类的县域在每万人中小学在校生人数和人均农业机械总动力两方面发展水平均相似，且发展状况最差；E 类的县域在每万人中小学在校生人数方面发展状况最好，高质量特征最为明显。

从图 7-17 和图 7-18 可知，相较于 2010 年，2019 年青藏高原县域的社会文明维度发展状况的空间集聚性变化明显。首先，结合实际数据，发现整体上县域社会文明维度发展程度由西部、南部向东北部降低。青藏高原西部和南部主要是 A、B 和 C 类的县域分布区域，该三类县域在人均农业机械总动力发展方面均具有较突出的特点，主要原因可能是该区域产业发展以第一产业为主，农业发展的机械投入水平较高。在空间分布上，相较于 2010 年，2019 年 A、B、C 类的县域主要分布于西南边界区域，并呈现条状分布、交织连片的空间布局特点。其次，D 类的县域由 2010 年的 1 个增加为 2019 年的 80 个，分布于青藏高原四周边界，D 类的县域在教育和农业机械化水平方面发展均较差。该现象也表明青藏高原县域需要在教育和机械现代化方面加大投入力度。再次，E 类的县域主要分布于青藏高原的中部，该类县域中小学入学率较高，对义务教育阶段的重视程度较高。

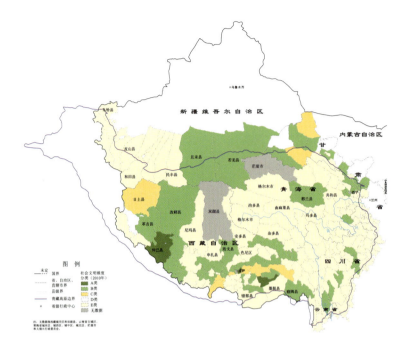

图 7-17 2010 年青藏高原县域社会文明维度指数的空间分异

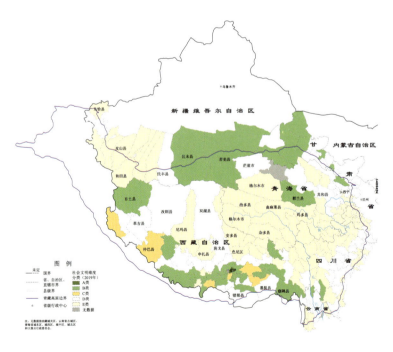

图 7-18 2019 年青藏高原县域社会文明维度指数的空间分异

（五）生态文明维度

本小节用青藏高原县域生态文明维度下的植被增长率（基准年 1950 年）和单位 GDP 的 PM2.5 排放量两个指标在 2010 年和 2019 年的发展指数作为输入样本，利用 SOM 算法，对青藏高原县域生态文明维度发展水平进行分类。最终，将青藏高原县域生态文明维度发展状况划分为六类，即 A、B、C、D、E、F 类，并对分类结果进行空间可视化。

不同的生态文明维度类别中，在植被增长率（基准年 1950 年）和单位 GDP 的 PM2.5 排放量两个指标上表现出不同的聚类特征。其中，A 类的县域在植被增长率（基准年 1950 年）方面的发展高质量特征最为突出，在所有类别中在指标的整体发展状态最好；B 类的县域也是在植被增长率上发展较相似，且发展水平呈现出较高质量特征，但相较于 A 类的县域发展要弱；C 类的县域在植被增长率方面发展状况较好，但高质量程度低于 A、B 类的县域；D 类的县域在植被增长率方面发展状况较好，高质量水平弱于 A 类的县域，但略高于 B、C 类县域。E 类的县域在植被增长率方面发展状况较为突出，但高质量水平弱于 A、B、C、D 类的县域；F 类的县域在植被增长率方面发展的相似程度较高，整体发展状况最差，与单位 GDP 的 PM2.5 排放量指标的发展状况相当。

从图 7–19 和图 7–20 可知，相较于 2010 年，2019 年青藏高原县域生态文明维度发展水平在空间上的集聚程度逐渐明显。生态文明维度主要反映了区域的环境质量和环境污染状况。第一，2010 年和 2019 年，各类县域的空间分布相对集中，例如，E 类的县域主要位于青藏高原的中部，且呈现出大量连片的特征；相较于 2010 年，2019 年 C 类的县域空间更加集聚，主要分布于青藏高原的东部，涉及四川、云南和甘肃三省。而从分类特点来看，E、F 类的县域是植被增长率发展最差的区域，青海省的格尔木市和茫崖市包含在其中，可能的原因是该县域经济质量维度发展水平较高，在经济发展过程中对林地和草地的破坏程度较大。第二，2010 年和 2019 年，A 类的县域中没有变化的是西藏林芝市工布江达县和朗县，两个县域位于青藏高原南边，植被覆盖程度较好，而且经济发展和城市扩张没有对林地草地造成过多损害。A 类的县域数量较少，且较为分散。第三，B 类和 D 类的县域数量较少，且空间分布散乱。此外，研究发现生态文明维度指数空间分异表现出由西北和东南向中部逐渐降低的特点。

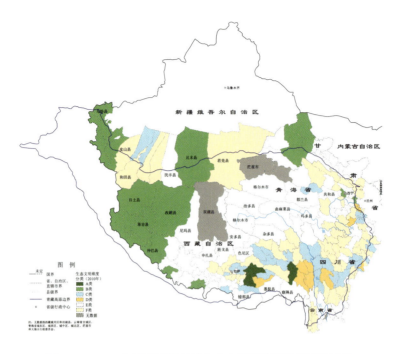

图 7–19　2010 年青藏高原县域生态文明维度指数的空间分异

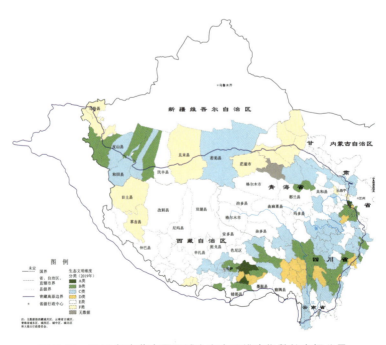

图 7–20　2019 年青藏高原县域生态文明维度指数的空间分异

（六）民生福祉维度

本节用青藏高原县域民生福祉维度下的人均居民储蓄存款余额和每万人医疗卫生机构床位数两个指标在 2010 年和 2019 年的发展指数作为输入样本，利用 SOM 算法，将青藏高原县域的民生福祉维度发展状况进行分类。最终，将青藏高原县域民生福祉维度发展状况分为五类，即 A、B、C、D、E 类，并进行可视化。

不同的民生福祉维度类型，在人均居民储蓄存款余额和每万人医疗卫生机构床位数两方面具有不同的聚类特征。其中，A 类的县域在人均居民储蓄存款余额和每万人医疗卫生机构床位数两方面整体上都表现突出，且发展状况较好，均表现出高质量发展水平；B 类的县域在每万人医疗卫生机构床位数方面整体上发展相似，但发展水平较低；C 类的县域在每万人医疗卫生机构床位数方面整体表现较好，发展较为突出，该方面发展表现为高质量特征；D 类的县域在人均居民储蓄存款余额方面整体表现较好，但高质量水平较之 A 类的县域弱；E 类的县域在人均居民储蓄存款余额和每万人医疗卫生机构床位数方面发展相似，发展状况均较差。

从图 7–21 和图 7–22 中可知，相比于 2010 年，2019 年青藏高原县域民生福祉维度发展状况的空间分布聚集态势更加明显。第一，在 2010 年和 2019 年，一直处于 A 类的县域有格尔木市、德令哈市和都江堰市等，A 类的县域在居民储蓄存款和医疗卫生方面发展突出，发展状况较好，而且这些县域的经济质量维度水平也很高。由此可见，经济水平高的地区相应地民生福祉维度水平也较高，经济水平促进人民幸福感的提升。第二，B 类的县域，2010 年在青藏高原北部零散分布，在东南角有局部集中，但在 2019 年，B 类的县域数量增加，且分布在青藏高原北部、南部和东部，环绕在青藏高原东半部的边界上，B 类的县域特征是居民收入较高，而县域数量增加也表明各县经济发展水平较高，主要原因可能是脱贫攻坚、精准扶贫等战略的实施取得了较大的成效，居民收入提高，居民生活福祉也相应提升。第三，2019 年 C 类和 D 类的县域在空间上分散分布，没有明显的空间集聚特征，且与其他类型的县域交叉布局；其中，C 类的县域在 2010—2019 年，由在高原西部集聚演变为当前的零散分布，C 类的县域居民储蓄余额发展较差，该类县域数量减少，表明青藏高原县域在居民收入方面有一定程度的提高，可能的原因是国家推行精准扶贫战略，也在全国范围内推进实施城镇医疗和新农村医疗服务等政策，使得青藏高原的贫困县、贫困人口大量减少，也进一步提升了居民收入和医疗卫生水平。

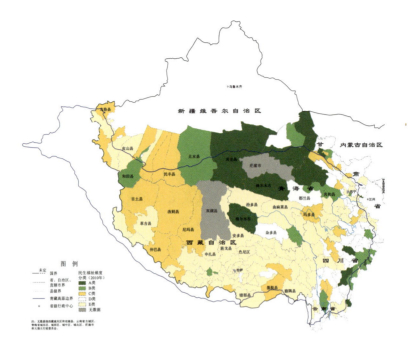

图 7–21　2010 年青藏高原县域民生福祉维度指数的空间分异

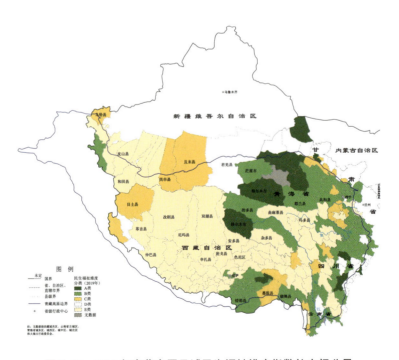

图 7–22　2019 年青藏高原县域民生福祉维度指数的空间分异

（七）粮食安全维度

本小节用青藏高原各县域粮食安全维度下的人均粮食产量和人均肉类产量两个指标在 2010 年和 2019 年的发展指数作为输入数据，利用 SOM 算法，对青藏高原县域粮食安全维度的发展状况进行聚类。最终，粮食安全维度被划分为五类，即 A、B、C、D、E 类。

不同的粮食安全维度类型，在人均粮食产量和人均肉类产量方面具有不同的聚类特征。其中，A 类的县域在人均粮食产量指标方面发展非常突出，该方面发展表现出高质量的特征；B 类的县域在人均粮食产量指标方面发展较好，发展较为高质量，但高质量的水平稍逊于 A 类的县域；C 类的县域在人均肉类产量指标方面的发展状况最差；D 类的县域在人均肉类产量指标方面发展非常突出，且发展水平最高；E 类的县域在人均粮食产量方面发展相似，发展状况最差。

从图 7–23 和图 7–24 可知，相比于 2010 年，2019 年青藏高原县域粮食安全维度发展水平的空间分布特征由混乱交织逐渐演变为局部集聚。粮食安全维度主要反映区域的粮食供应程度，粮食供应程度高，保障了饭碗握在自己手里。首先，在 2010 年，青藏高原县域粮食安全维度发展的五类状态在空间上的分布规律不明显，各类型的县域交织分布、错综复杂。到 2019 年，五种类型的县域空间分布差异明显。其中变化最明显的是 C 类和 E 类，均由 2010 年的零散分布转变为 2019 年的集中分布。2019 年，C 类的县域主要分布在青藏高原东南角及东部和南部的边界，呈半包围状态，少量分布在青藏高原的西北角；而 E 类的县域主要分布在青藏高原的中部，被双湖县隔断，从而出现两大块连片区域。C 类的县域肉类产量发展水平最差，可能的原因是该区域海拔较低，牧业发展较差，农业发展水平较高；E 类的县域特征是粮食产量方面发展最差，可能的原因是该地域受到海拔和地形的影响，导致本土粮食产量较低，在今后的发展中可以注重粮食的储存和新农业模式的开发。

其次，A 类的县域在 2010 年空间分布呈现点簇状，主要位于中部，A 类的县域所在地冰川融水和日照条件较好，河谷农业发达，使得其粮食产量较高，但 A 类的县域数量由 2010 年的 30 个降为 2019 年的 12 个，且在 2019 年空间上呈现零星分布，没有大规模的区域连片特征，县域数量减少的原因可能是第二、第三产业的发展一定程度上忽略了农牧业的发展，这也使得保留下来类别不变的县域在粮食安全方面发展更加

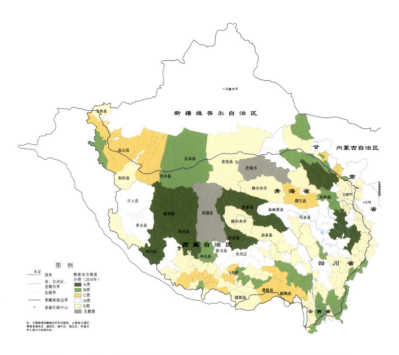

图 7–23　2010 年青藏高原县域粮食安全维度指数的空间分异

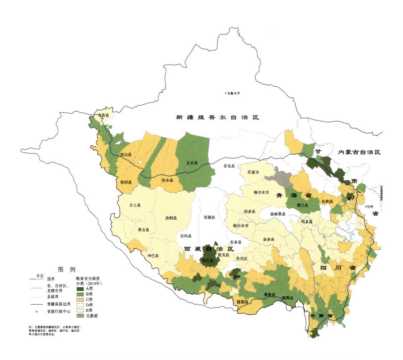

图 7–24　2019 年青藏高原县域粮食安全维度指数的空间分异

突出。第三，B 类和 D 类的县域有小范围分布，在 2019 年，B 类的县域主要分布在青藏高原南部边界区域，D 类的县域主要分布在青藏高原的中部，竖向分布。D 类的县域在牧业发展方面成效突出，可能的原因是该区域海拔较高，农业和工业的发展劣势明显，牧业收入是当地居民主要的收入来源。

第五节　驱动力分析

本节利用基于突变级数法的障碍诊断模型分析了 2019 年青藏高原县域高质量发展的障碍因素，并以此分析不同因素对县域发展的驱动水平。由于青藏高原县域有 221 个，数量较大，难以全部进行展示，本节对 2019 年青藏高原县域高质量发展综合指数排名前十位、后十位的县级行政区进行障碍因子展示（表 7–1）。表中障碍项目包括障碍因子和障碍水平，障碍因子代表阻碍县域高质量发展的因素，障碍水平的数值越大，表明该指标阻碍县域发展的程度也就越大，其对县域发展的负向驱动能力也就越大，其他指标的正向驱动程度也就越大；反之，障碍水平的数值越小，负向驱动能力也就越小、正向驱动能力越大。此外，指标排序是对五个障碍因子的障碍程度进行排序，整体来看五个障碍因子的障碍水平数值相近，可近似看作为五个因子的负向驱动水平和障碍水平相似，在本节中不做区分。

2019 年青藏高原县域高质量发展综合指数排名前十的县域有青海省海西蒙古族藏族自治州格尔木市、西藏自治区林芝市巴宜区、甘肃省酒泉市阿克塞哈萨克族自治县、四川省凉山彝族自治州西昌市、四川省成都市都江堰市、甘肃省酒泉市肃北蒙古族自治县、西藏自治区拉萨市达孜区、青海省海西蒙古族藏族自治州德令哈市、四川省阿坝藏族羌族自治州马尔康市和四川省成都市崇州市。2019 年青藏高原县域高质量发展综合指数排名后十位的县域有西藏自治区那曲市比如县、青海省果洛藏族自治州甘德县、甘肃省定西市岷县、云南省怒江傈僳族自治州福贡县、西藏自治区那曲市索县、四川省甘孜藏族自治州石渠县、四川省甘孜藏族自治州德格县、青海省玉树藏族自治州杂多县、西藏自治区那曲市巴青县和青海省玉树藏族自治州囊谦县。研究发现，不同县域之间的主要障碍因素有一定的共性。

表 7–1　2019 年青藏高原部分县域高质量发展的障碍因子

县域	障碍项目	指标排序					县域	障碍项目	指标排序				
		1	2	3	4	5			1	2	3	4	5
格尔木市	因子	Sa1	O1	Sa2	S2	Ec1	比如县	因子	In2	Sa1	S2	E1	In1
	水平	0.996	0.994	0.974	0.963	0.885		水平	0.987	0.985	0.985	0.984	0.980
巴宜区	因子	In1	Sa2	O1	S2	Sa1	甘德县	因子	Sa1	E1	S2	In1	In2
	水平	0.991	0.972	0.957	0.901	0.854		水平	0.999	0.995	0.989	0.980	0.973
阿克塞县	因子	O1	Sa1	Ec1	S2	H2	岷县	因子	In1	E1	Sa2	In2	S2
	水平	0.989	0.925	0.924	0.870	0.855		水平	0.996	0.994	0.994	0.992	0.982
西昌市	因子	S2	Sa2	Ec1	In2	E1	福贡县	因子	S2	E1	In1	In2	O1
	水平	0.963	0.946	0.868	0.862	0.847		水平	0.986	0.978	0.976	0.974	0.969
都江堰市	因子	S2	Sa2	Sa1	In2	S1	索县	因子	O2	H1	E1	H2	Sa1
	水平	0.984	0.959	0.928	0.907	0.903		水平	1	0.997	0.979	0.978	0.976
肃北县	因子	O1	Ec1	In1	S1	S2	石渠县	因子	In2	In1	S2	O1	E1
	水平	0.997	0.957	0.936	0.906	0.882		水平	0.995	0.995	0.992	0.982	0.981
达孜区	因子	In1	H2	In2	E1	S1	德格县	因子	S2	In1	In2	E1	O1
	水平	0.980	0.969	0.936	0.918	0.888		水平	0.995	0.994	0.993	0.982	0.973
德令哈市	因子	O1	S2	Sa2	Sa1	S1	杂多县	因子	E2	S2	O1	Sa1	In2
	水平	0.983	0.947	0.925	0.870	0.854		水平	1	0.994	0.994	0.984	0.983
马尔康市	因子	O1	S2	Sa1	Sa2	E1	巴青县	因子	Sa1	In2	H2	S2	H1
	水平	0.958	0.936	0.922	0.880	0.864		水平	0.999	0.990	0.987	0.986	0.979
崇州市	因子	Sa2	O1	S2	Sa1	In2	囊谦县	因子	O2	E1	In1	In2	S2
	水平	0.965	0.959	0.954	0.927	0.854		水平	1	0.994	0.989	0.986	0.979

注：具体的障碍因子见表 3–9。

本书将排名前十位的县域总结为三组县域，并分别进行负向驱动力变化的探讨。第一组，格尔木市、巴宜区、德令哈市、马尔康市和崇州市共五个县级行政区，它们的五个障碍因子中有四个相同（但排序有所差异），四个相同的障碍因子分别是粮食安全维度的人均粮食产量（Sa1）和人均肉类产量（Sa2）、对外联系维度的路网密度（O1）、社会文明维度的人均农业机械总动力（S2）。这五个县域的经济水平较高，相对于第二、第三产业，第一产业的发展较弱，相应地农业用地较少，农业机械化水平较低，今后要注重提高农业现代化水平，进而保障粮食自给能力。青藏高原范围内由于海拔、地形等原因，铁路和高等级道路较少，尽管上述五个县域范围内的道路密度相对于高原其他县域已较高，但路网密度仍然是阻碍县域发展的重要因素。

第二组，阿克塞县和西昌市共两个县级行政区，它们发展的共性障碍因子是社会文明维度的人均农业机械总动力（S2）和生态文明维度的植被增长率（基准年 1950年）（Ec1）。上述两个县域的第二产业发展水平相对较高，社会经济发展对植被的破坏程度较大，城市扩张、工业区扩建都占用了大量的草地，且农业生产机械化和现代化程度较低。

第三组，都江堰市、肃北县和达孜区共三个县级行政区，它们发展的主要障碍因子是创新驱动维度的每万人从事科学研究人数（In1）和社会文明维度的每万人中小学在校生人数（S1）。这三个县域的科学研究从业人员较少，表明创新驱动潜力较弱，且基础教育有待提高，尽管这三个县域在高原县域范围内整体的发展水平较高，经济发展主要依靠旅游业，但今后在科技人才引进和培养方面也应进一步加强。

针对县域高质量发展指数排名后十位的县域，本书亦分为三组进行讨论。第一组，比如县、甘德县、岷县、福贡县、石渠县、德格县和囊谦县共七个县级行政区，它们的五个主要障碍因子中有四个是共同的，分别是创新驱动维度的每万人从事科学研究人数（In1）和每万人本科学历以上人数（In2）、经济质量维度的人均 GDP（E1）、社会文明维度的人均农业机械总动力（S2）。这七个县域最主要的障碍因子是创新驱动维度，该县域综合发展水平较低，经济水平较低，而科技创新是主要的生产力，却难以吸引足够的人才。

第二组，杂多县和巴青县，它们的主要障碍因子是创新驱动维度下的每万人本科学历以上人数（In2）、粮食安全维度的人均粮食产量（Sa1）、社会文明维度的人均农业机械总动力（S2）。上述县域在创新驱动维度出现短板的情况下，粮食自给能力和农业现代化水平也较弱，严重影响杂多县和巴青县的高质量发展。

第三组，索县。索县的主要障碍因子较为零散，与其他九个县域差别较大，其五个障碍因子分别是对外联系维度的交通干线影响度（O2）、民生福祉维度的人均居民储蓄存款余额（H1）和每万人医疗卫生机构床位数（H2）、经济质量维度的人均 GDP（E1）、粮食安全维度的人均粮食产量（Sa1）。该五个障碍因子分属四个维度，主要的障碍维度是民生福祉维度（有两个障碍因子），索县的居民生活医疗和经济水平较低，农业水平也较低，而且县域范围内的对外交通联系程度较弱，表现为主要交通干线较少，以上情况均制约着索县的综合发展。

第六节　小结

本章基于县域高质量发展评价指标体系，对 2010 年和 2019 年青藏高原的县域单位进行了实例应用。本章发现，县域高质量发展的评价指标体系在青藏高原范围内具有良好的应用性，结合数据可获取性程度能够较好地表现出当前县域发展的实际情况和需求。在空间评价方面，相较于 2010 年，2019 年各县域空间的分布特征呈现出青藏高原四周边界县域与中部县域分区集聚的特点，而且从综合发展水平和各维度发展水平来看，呈现出以青海省格尔木市和西藏自治区拉萨市为核心的发展模式，该现象与当前发展的情况相契合。在驱动力分析方面，本章分析了 2019 年部分县域的负向驱动因素，对于发展水平较差的县域，创新驱动维度是阻碍其发展的主要因素，发展水平较高的县域其发展增长点不一，主要的发展短板与粮食安全相关。

第八章　基于区域高质量发展状态评价的结论与讨论

本章从三个角度进行了深入的讨论，分别是综合指数计算方法、综合指数聚类方法和指标体系稳定性检验。本章将前人的研究结果与本书的内容进行对比，讨论本书结论的准确性程度。

第一节　结论

面向高质量的区域发展是区域综合发展的具体体现，也是人地相互作用的最终结果，其发展质量的诊断是多维度、多指标的综合研判。本书研究中国面向高质量的区域发展状况，以高质量发展内涵为出发点，综合前人对其的理解，引入地理学区域差异性等相关理论，提出"区域高质量发展理念"这一概念。结合当前社会经济发展的主要问题与区域高质量发展的核心标准，提出区域高质量发展的具体内涵，基于此本书构建了"1+7+18+N"的评价指标体系框架。基于一定的指标筛选原则，在国家、省域和县域三个尺度下，细化和明确了区域高质量发展评价指标体系。基于数据可获取性原则，本书对各指标进行了长时间阶段的数据搜集和预处理，针对国家和省域指标搜集了1999—2019年的数据，针对青藏高原县域指标搜集了2010年和2019年的数据。本书利用熵权法计算了不同尺度下高质量发展的综合指数和多维度指数，以分析各尺度下区域发展的高质量水平，利用时间约束聚类方法对1999—2019年进行发展的阶段划分，并利用自组织映射神经网络（SOM）对省域和县域尺度下发展的空间状况进行分区。最后，本书利用基于突变级数法的障碍诊断模型，对不同尺度下特定年份中影响区域实现高质量发展的负向驱动因素进行了系统分析。本书在理论研究、方法框架设定和区域实证分析方面进行了大量研究工作，最终得到了以下四点结论。

（1）本书提出了一套"1+7+18+N"多层次评价体系框架，基于该框架在不同尺度中进行研究实践，证明其具有实用性和延展性。以该评价指标体系框架为基础，基于数据可获取性等指标选取原则，细化了国家、省域和青藏高原县域的高质量发展评价指标，表明该框架具有一定的实用性。该多尺度的指标体系是在相同的构建思路和维度设计下建立的，尽管具体指标有所差异，其本质仍是同样一套评价体系框架，表明该框架具有一定的延展性。

（2）全国尺度上，在1999—2019年，中国发展整体状况呈现先缓慢提升后快速提升的特点，高质量水平在不断提高。1999—2007年，中国发展水平有所降低后缓慢提升；2008—2019年，中国高质量发展提升速度飞快，主要原因是除了安全保障维度内的地缘安全目标发展水平降低明显外，其他六个维度的发展提升较快，尤其是民生福祉维度。在驱动因素方面，区域统筹、城乡统筹发展一直是影响区域高质量发展的重要负向驱动因素。总之，中国的区域发展进程整体在向一个更加文明、高效、健康的社会经济发展新模式转变。

（3）省域尺度上，在1999—2019年的时间序列上，30个省份呈现高质量发展水平提升明显，且在七个维度发展方面表现不同的特征。在生态文明和安全保障维度，个别省份出现发展水平降低的现象。利用时间约束聚类方法，将省域发展划分为四个阶段，分别是1999—2001年、2002—2009年、2010—2013年和2014—2019年，各阶段具有不同的发展特征。省域综合发展和多维度发展方面，东部沿海、中部区域和西部区域具有连片集聚的特点。生态文明维度的空间布局与其他维度有所差异，主要表现在西部省份更加集聚，且根据数据，其维度水平高于其他区域。在驱动因素方面，各省之间差异较大。

（4）青藏高原县域尺度上，2019年在空间上的分布特征呈现出青藏高原四周边界县域与中部县域分区集聚明显的特点。数据显示在青藏高原边界附近的县域高质量发展在整体和大部分维度水平上均高于中部县域，而且从整体和多维度空间演变特征来看，演变出以青海省格尔木市、西藏自治区拉萨市辖区及周边县域为双核心的集聚区。在驱动因素方面，针对发展水平较低的县域，创新驱动维度是其发展过程中的重要短板，其负向驱动效应明显。

第二节　讨论

一、关于熵权法与其改进方法的对比分析

指标赋权是综合指数计算中的重要步骤，也是最具争议的一步。指标权重确定方法的合理性和有效性程度，直接影响最终综合指数的结果（Zardari *et al.*，2015）。本书在计算区域高质量发展评价指标权重时，选用了熵权法，是因为在众多的指标赋权方法中，熵权法操作简单、步骤明确，在土地管理（He *et al.*，2017）、资源环境（Zhao *et al.*，2018）、社会经济（Li *et al.*，2020）等领域都有应用。但是，许多专家学者也对熵权法提出了质疑（He *et al.*，2018），认为熵权法的结果可能不够准确，需要与其他赋权方法结合使用，例如熵权法与层次分析法法结合（洪开荣等，2013）、熵权法与主成分分析方法结合（Sun and Niu，2019）、熵权法与灰色关联模型结合等。也有学者认为熵权法本身存在问题，不适用于所有的数据变化特征，需要对熵权法本身进行改进。因此，本书通过综述当前熵权法的改进方法，选取问题明确、改进思路清晰的方法，讨论改进的思路和理论的合理性；本书通过构建的省域高质量发展评价指标体系，以青海省为例，从实证角度分析以上改进方法的普适性，以期为今后熵权法的改进提供新思路。

（一）熵权法的改进综述

本节通过整理国内外文献，发现专家学者对一种情况下熵权法的结果产生怀疑，即在各个指标熵值接近 1 的情况下，会出现不同指标熵值间微小差别而计算得到的各自指标权重间却具有成倍数的差别，该情况可能赋予了与指标自身信息量不相符的权重。例如，假设一套指标体系包含三个指标，每个指标有多年的数值，且该三个指标熵值分别为 0.999 9、0.999 8、0.999 7，可见这三个指标的熵值均接近于 1，且熵值比较接近。如果利用熵权法计算上述三个指标的权重，其权重分别为 0.166 7、0.333 3、0.500 0。从上述例子中可以看出，三个指标的熵值非常接近，但从三个指标的权重结

果上看，权重相差较大。

根据上述提到的熵权法问题，本书选取了关于解决该问题的所有熵权法改进方法，对其进行详细综述。本书发现共有三种改进方法，分别为周惠成等（2007）、李英海和周建中（2010），以及欧阳森和石怡理（2013）提出的（分别记为改进 1、改进 2 和改进 3）。

本书发现改进 1、改进 2 和改进 3 全部是针对指标熵值与权重转换方式进行的改进。原始熵权法（第四章第二节提到的熵权法）与改进 1、改进 2、改进 3 的核心计算公式见表 8-1。改进 1 认为当指标的熵值全部接近于 1，且差异不大时，代表其提供的信息量应基本相似，那么指标相应的权重也应基本一致，通过增加分母值的大小，实现指标熵值间微小变化而引起权重变化较小的目的。改进 2 结合改进 1 的思想，利用组合权重的方式，引入熵值的平均值，解决当指标熵值全部接近于 1 时，指标权重变化明显的问题；改进 3 在改进 1 和改进 2 的基础上，进一步使得熵值在不全为 1 的情况下与原始熵权法相似。

表 8-1　原始熵权法及改进熵权法的核心公式

各种熵权法	核心公式	注释
原始熵权法	$W_i = \dfrac{1-E_i}{\sum_{i=1}^{n}\left(1-E_i\right)}$	① E_i 为指标 i 的熵值；
改进 1	$W_i = \dfrac{\sum_{k=1}^{n} E_k + 1 - 2E_i}{\sum_{i=1}^{n}\left(\sum_{k=1}^{n} E_k + 1 - 2E_i\right)}$	② $\hat{H}$ 为熵值不为 1 的各指标熵值的均值；
改进 2	$W_i = \begin{cases}\left(1-\hat{H}\right)wp^1 + \hat{H}wp^2, & E_i<1 \\ 0, & E_i = 1\end{cases}$	③ $wp^1 = \dfrac{1-E_i}{\sum_{i=1}^{n}\left(1-E_i\right)}$;
改进 3	$W_i = \begin{cases}\left(1-\hat{H}\right)^{35.35}wp^1 + \hat{H}^{35.35}wp^2, & E_i<1 \\ 0, & E_i = 1\end{cases}$	④ $wp^2 = \dfrac{1-E_i+\hat{H}}{\sum_{i=1}^{n}\left(1-E_i+\hat{H}\right)}$

综上所述，关于上述原始熵权法的问题，以及改进 1、改进 2 和改进 3 提出的改进策略，本书认为其均存在一个潜在的前提假设，即"同一套指标体系内，利用原始熵权法计算得到的不同指标熵值（E_i）间的差与该指标权重（W_i）的差不是线性稳定的"。

（二）熵权法与其改进的理论策略对比分析

本书提出了一套数学方法，来验证三种改进方法是否合理，以及上述提到的潜在假设是否合理。根据原始熵权法的原理，通过指标熵值得到指标权重，因此本书假设在一套指标体系内，某特定指标的熵值（E_i）与该指标的权重（W_i）符合以下公式：

$$W_i = kE_i + b \qquad\qquad （式 8\text{-}1）$$

其中，k、b 为常数。

假设在同一套指标体系内任意选取两个指标，其熵值和权重分别为 E_1、E_2 和 W_1、W_2，带入公式 8-1 如下：

$$W_1 = kE_1 + b \qquad\qquad （式 8\text{-}2）$$

$$W_2 = kE_2 + b \qquad\qquad （式 8\text{-}3）$$

再将两式做差，可以得出：

$$W_1 - W_2 = k\left(E_1 - E_2\right) \qquad\qquad （式 8\text{-}4）$$

$$k = \frac{W_1 - W_2}{E_1 - E_2} \qquad\qquad （式 8\text{-}5）$$

由式 8-5 可知，同一套指标体系内，两个任意指标的熵值差与其权重差的比值为 k，而 k 为常数。因此，上节提到的潜在前提假设不成立。

根据以上数学推导，本书针对原始熵权法以及改进 1、改进 2 和改进 3，进行了数学公式推导，推导结果见表 8-2。结合三个指标熵值（分别为 0.999、0.998、0.997），利用四种权重方法计算指标权重，讨论当指标熵值全部接近于 1 时，上述四种方法得到的具体 k 值。由表 8-2 可知，不论是原始熵权法还是改进后的三种方法，同一套指标体系内，两个指标间的熵值差与其权重差的比值（k 值）皆为一个常数，即不论是原始熵权法还是改进后的方法，熵值与权重的对应关系都是线性稳定的。因此，关于上节提到的潜在前提假设不成立，原始熵权法不存在本节所提到的不足，而改进 1、改进 2 和改进 3 在理论上对熵权法的改进是没有意义的。

表 8–2 原始熵权法及各改进方法熵值与权重对应关系

方法	k 值	熵值	权重	$k=\dfrac{W_a-W_b}{E_a-E_b}$
原始熵权法	$\dfrac{-1}{\sum\left(1-E_j\right)}$		0.166 7、0.333 3、0.500 0	−166.667
改进 1	$\dfrac{-2}{\sum_{i=1}^{n}\left(\sum_{k=1}^{n}E_k+1-2E_j\right)}$	0.999 0、0.998 0、0.997 0	0.333 0、0.333 3、0.333 7	−0.333 7
改进 2	$\dfrac{\hat{H}-1}{\sum\left(1-E_j\right)}-\dfrac{\hat{H}}{\sum\left(1-E_j+\hat{H}\right)}$		0.332 7、0.333 3、0.334 0	−0.666 7
改进 3	$\dfrac{\hat{H}-1^{35.35}}{\sum\left(1-E_j\right)}-\dfrac{\hat{H}^{35.35}}{\sum\left(1-E_j+\hat{H}\right)}$		0.310 2、0.310 6、0.310 9	−0.310 6

（三）熵权法与改进熵权法的实证对比：不用改进熵权法的原因

本书根据青海省高质量发展评价指标体系，利用原始熵权法、改进 1、改进 2 和改进 3 对青海省 1999—2019 年的高质量发展状况进行计算。将上述四种方法计算得到的 1999—2019 年青海省高质量发展综合指数进行可视化表达（图 8–1）。对比原始熵权法、改进 1、改进 2 和改进 3 得到的实际评价结果，观察是否有明显的结果差异或指数曲线的趋势差异。

根据表 8–3 可知，50 个指标的熵值分布零散，最大值为 0.983 4（指标 Sa7），最小值为 0.628 9（指标 In4），熵值极差值为 0.354 5。因此，不存在改进 1、改进 2 和改进 3 中所针对的熵值全部趋向于 1 的情况（该情况在现实中很难存在）。

从图 8–1 可知，改进 1、改进 2 和改进 3 在实际评价应用方面也没有意义。首先，改进 3 得到的综合指数与原始熵权法的完全相同，可见改进 3 的改进效果没有实际意义。其次，改进 1 和改进 2 的曲线与原始熵权法差异明显，差异性不仅表现在综合指数的大小，而且表现在综合指数在时间序列上的变化趋势。因此以上情况表明在指标熵值没有全部趋向于 1 时，改进 1 和改进 2 计算得到的综合指数结果是错误的，对决策者和其他学者有可能产生误导。

表 8-3　青海省高质量发展评价指标的熵值

序号	熵值	序号	熵值	序号	熵值	序号	熵值	序号	熵值
E1	0.862 0	In4	0.628 9	O7	0.902 4	Ec3	0.851 2	H6	0.827 3
E2	0.865 1	In5	0.742 0	S1	0.901 3	Ec4	0.977 3	H7	0.866 6
E3	0.972 1	In6	0.832 9	S2	0.811 0	Ec5	0.955 4	H8	0.894 5
E4	0.844 7	In7	0.755 4	S3	0.762 4	Ec6	0.940 5	Sa1	0.821 9
E5	0.942 2	O1	0.918 1	S4	0.835 8	Ec7	0.948 7	Sa2	0.907 8
E6	0.952 2	O2	0.929 1	S5	0.910 8	H1	0.829 1	Sa3	0.922 3
E7	0.954 7	O3	0.900 9	S6	0.878 8	H2	0.819 1	Sa4	0.926 0
In1	0.946 1	O4	0.888 5	S7	0.889 3	H3	0.895 5	Sa5	0.969 0
In2	0.927 1	O5	0.772 4	Ec1	0.968 7	H4	0.941 6	Sa6	0.962 6
In3	0.693 6	O6	0.664 5	Ec2	0.871 3	H5	0.938 5	Sa7	0.983 4

注：具体的指标见表 3-8。

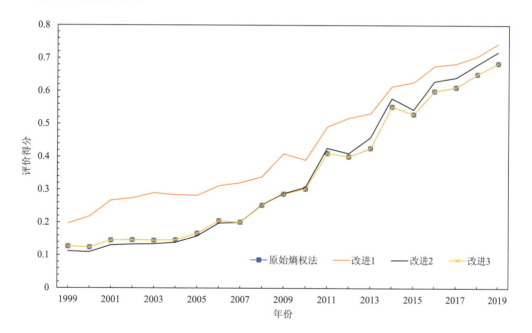

图 8-1　1999—2019 年青海省高质量发展综合水平评价结果

（四）对于熵权法改进的启示

熵权法作为应用较为广泛的指标赋权方法，其在应用过程中产生了不同的改进方法。本讨论针对学者提出的熵权法存在"在各个指标熵值接近 1 的情况下，会出现不同指标熵值间微小差别而计算得到的指标权重间却成倍数差别"的问题，将关于该问题的所有改进方式（改进 1、改进 2 和改进 3）进行综述。将原始熵权法与这三个改进方法，从理论和实际层面进行对比。研究发现原始熵权法不存在上述提到的问题，且改进 1、改进 2 和改进 3 并没有理论合理性和实际应用意义。因此，本书应用原始熵权法进行区域高质量发展状况评价是合理的，其结果具有科学性。

此外，本书建议在今后的研究中，关于原始熵权法的问题讨论可以考虑以下两点内容。

第一，考虑熵权法的基本原理（数据波动越大，权重越大）的合理性。指标数据的波动大小差异，能否全面反映出指标的重要程度，该问题需要进一步研究。此外，用何种指标来衡量指标的重要性程度，也是讨论客观刻画指标权重的关键。将熵权法与其他权重计算方面组合使用的改进，其本质并不是针对熵权法原理的改进，今后还需要针对熵权法原理存在的问题进行探讨。

第二，考虑熵权法应用中数据量和类型的差异带来结果的不稳定性。熵权法是指标数据基于数学、统计方法确定的指标权重，而权重会随两个因素变化，分别是指标的数据量和用于计算权重的指标数组的形式，这两个因素可能会导致计算得到的指标权重不同。相同的指标因为不同的数据量、数值类型导致不同的指标权重，本质上会引起对该指标重要性的误判。

二、关于 SOM 算法与头尾分割法的结果对比分析

针对不同区域的综合指数进行分区时，不同的分区方法可能会产生不同的结果，最终可能影响学者或决策者的判断。因此，本节选取当前研究中较前沿的另一种指数分区（聚类）方法，与本书选用的自组织映射神经网络方法（SOM 方法，详见第四章第四节）得到的结果进行对比，以讨论本书结果的可靠性和真实性。

在此选用的另一种较前沿的分区（聚类）方法是头尾分割法（head/tail breaks）。头尾分割法是一种操作简单、易于理解的数据分段方法（Jiang，2013），是当前研究中一种较新颖的等级分类方法，但是还未被应用到综合指数的等级划分中。该方法的原理是根据数据的算数平均值对数据进行分段，将数据量小的部分作为"头"，再次利用"头"部分的算数平均值进行划分，依次进行迭代，直到划分出来的数据个数大于等于

该小部分的 50%时停止。该方法得到的分段类别数和类间间隔都是根据数据本身的变化自然决定的。该方法主要具有两个优点（Gao *et al.*，2015）：第一，比自然断点法划分的结果更加自然；第二，相较于等间距分段，头尾分割法更能体现出数据本身的分布规律。

由于头尾分割法是近年来在数据分段方面应用较广泛、较新颖的方法之一，因此本讨论分别对头尾分割法与 SOM 算法进行应用，对得到的结果进行细致对比。利用头尾分割法对 2019 年 30 个省份的高质量发展综合状况进行了分类，并进行了可视化处理（图 8–2）。对比 SOM 算法（第六章第三节）与头尾分割法得到的省域高质量发展状态的分类结果，讨论两种算法的优缺点。两种方法在算法原理上的主要差异是确定分类数。头尾分割法无法提前判定分类数，完全由算法判定；而 SOM 算法可以通过不断调整聚类数，以得到最符合实际情况的结果。

图 8–2　基于头尾分割法的 2019 年中国各省高质量发展综合水平的分级

从分类结果来看，利用头尾分割法得到的区域高质量发展组别，分别为 A、B、C、D 类，而且该四类省域的高质量发展综合水平逐渐降低，有明确的分级。其中，北京市的高质量发展综合水平等级最高（A 类），上海市次之（B 类），天津市、长三角和珠三角地区的部分省份的高质量发展综合水平位于第三位次（C 类），其余 23 个省份的高质量发展属于 D 类水平。由此可见，头尾分割法确实将中国高质量发展最好和较好的部分省份挑选了出来，但是仍有 77%（D 类）的省域没有得到更为细致的分类，且整体位于中国的中西部区域，该现象导致无法详细分析中国中西部省份的发展差异。可见头尾分割法的分类结果具有较为粗糙的特点，但其优点是能够较完整地划分出表现最优和较优的省份（即"头部"），其对"尾部"的省份分类不敏感。

相较于头尾分割法，通过 SOM 算法得到的中国 30 个省份的发展分类结果更能体现出各省高质量发展综合状况之间的相似性和差异性。由图 6–21 中 2019 年的省域高质量发展水平分级图可知，SOM 的结果与头尾分割法得到的结果在前三类上基本相同（福建省在头尾分割法中属于 C 类，在 SOM 方法中为 D 类），而且 SOM 的分类结果比头尾分割法多了两类，它将中国中西部省份分为三类，即 D、E、F 类。该分类结果能够将中西部省份的高质量发展差异表达得更加细致和明显。因此，本书应用的 SOM 算法所得到的空间分类结果具有可靠性。

三、关于指标体系稳健性检验的探讨

刘建国在 2020 年 1 月份发表在 *Nature* 上的论文（Xu *et al.*，2020b）中提到中国可持续发展评价指标体系稳健性检验的方法，本书根据此方法对本书构建的全国和省域指标体系进行稳健性检验。由于构建综合评价指标体系没有一个统一的标准，不同学者构建的指标体系形式各异、指标数量不一，最终导致指标个数给综合指数的计算带来一定的不确定性。因此，考虑到综合指数可能会受到指标个数的影响，本小节运用不确定性分析（uncertainty analysis）来验证指标体系中由于指标个数引起的体系稳健性问题（Nardo *et al.*，2005），以便间接验证综合指数的有效性和合理性（Hamby，1994）。考虑到不同数量的指标和不同数量下不同指标的组合方式也不同，在当前的指标体系下，本书分析所有的指标组合得到的综合指数（Xu *et al.*，2020a），进而观察综合指数的变化趋势。为了增加样本，本书针对七个维度层进行分析，选取 2019 年的全国、省域尺度下的指标进行计算。因为县域评价指标体系每个维度内的指标数量较少，均为 2～3 个，进行不确定性分析的意义较小，所以不对之进行处理。为了方便计算，在此处采用了等权的处理方法。此外，不同指标组合数量的计算方法如下。

$$C_n^m = \frac{n!}{m! \times (n-m)!} \qquad （式 8-6）$$

上式中 n 代表指标总数，m 代表从指标中选取的个数，$2 \leqslant m \leqslant n$。

（一）国家尺度指标体系检验

针对 2019 年国家尺度高质量发展评价指标体系（第三章第四节）中不同维度下的各指标数据，进行不确定性分析，用于检验指标个数对综合指数的影响。下面以民生福祉维度为例介绍不确定分析的应用过程。在国家尺度高质量发展评价指标体系中，民生福祉维度共有 12 个指标。如果选 1 个指标，其指标数值对维度得分的影响较大，不符合指标选取的综合性和客观性原则。因此本书从选择 2 个指标开始，依次选择 3、4、……、12 个指标。公式 8-7 是以选取 2 个指标为例，计算指标的组合数：

$$C_{12}^2 = \frac{12!}{2! \times (12-2)!} = 66 \qquad （式 8-7）$$

根据国家尺度下各维度的指标，从所有指标中选择 2 个指标（m 值）开始的，依次加 1，直到指标数达到最大值（n 值），每次选择指标的组合数为（C_n^m）。

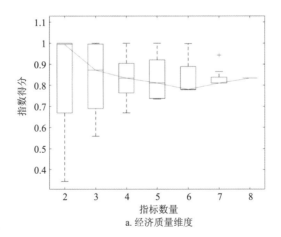

a. 经济质量维度

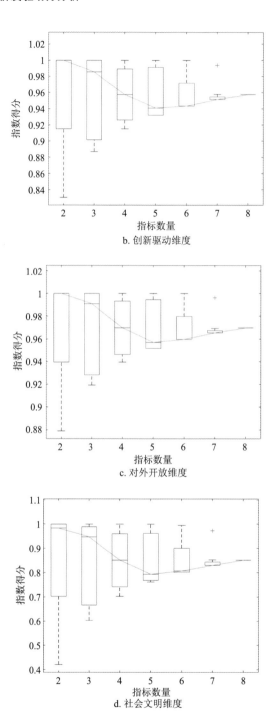

b. 创新驱动维度

c. 对外开放维度

d. 社会文明维度

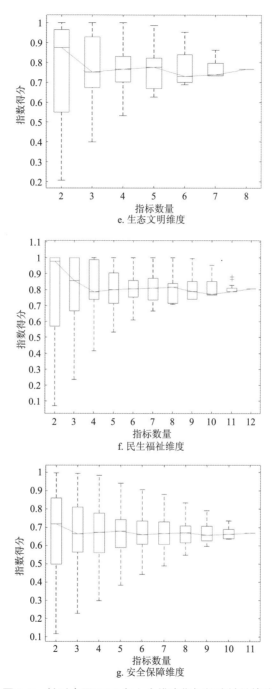

图 8-3　针对中国 2019 年七个维度指标的稳健性检验

注：箱型图的上限是所有组合中各维度指数数值的最大值，下限是最小值；中间的矩形主体部分是第一个四分位数到第
　　三个四分位数中间的数值分布区域；每个矩形中间的横线代表所有指数的中位数，并用红色线段相连。

每个维度基于不同的指标组合情况，分别计算每种组合情况的综合指数，然后进行可视化（图 8–3）。本书发现随着指标数量的增加，指数得分的不确定性会减小（箱型图的矩形主体变小），逐渐趋于收敛，而且每种指标组合的中位数越发趋向于一致，即中位数曲线逐渐水平。其中，生态文明、民生福祉和安全保障维度最为明显。根据综合指数评价指标选取的原则，指标数量不宜过多也不宜过少。指标过多会造成信息的冗余，指标数量过少则会影响结果的客观性和科学性，因此指标的数量一直是学者讨论的问题。本书利用不确定性分析，验证了本书创建的国家尺度的高质量发展评价指标体系具有一定的稳健性、科学性和合理性。

（二）省域尺度指标体系检验

本书第三章第四节提出的省域高质量发展评价指标体系共有 7 个维度和 50 个指标。根据各维度内的指标个数，以及公式 8–6 得到的各维度内不同指标的组合数（表8–4）。各维度内指标的组合个数均为从 2 个指标开始选取，至最大的指标数。

表 8–4 省域尺度下各维度指标数和组合个数

维度	指标数	组合数
经济质量维度	7	21、35、35、21、7、1
创新驱动维度	7	21、35、35、21、7、1
对外开放维度	7	21、35、35、21、7、1
社会文明维度	7	21、35、35、21、7、1
生态文明维度	7	21、35、35、21、7、1
民生福祉维度	8	28、56、70、56、28、8、1
安全保障维度	7	21、35、35、21、7、1

选用北京市、青海省和陕西省作为代表展示指标的稳健性，有两个主要原因。第一，根据 1999—2019 年各省的平均人均 GDP，对各省进行经济水平排序。将排序前十名的省份称为发达省份（上海市、北京市、江苏省、天津市、浙江省、广东省、福建省、山东省、内蒙古自治区和辽宁省），排序后十名的省份称为发展中省份（山西省、四川省、吉林省、江西省、青海省、黑龙江省、云南省、广西壮族自治区、甘肃省和贵州省），排序中间十名的省份称为较发达的省份（重庆市、湖北省、陕西省、新疆维吾尔自治区、湖南省、海南省、宁夏回族自治区、安徽省、河南省和河北省）。从三类

省域中各选一个省份，即北京市（前十名）、青海省（后十名）、陕西省（中间十名）。第二，这三个省份也分别位于中国的东、中、西部，具有代表性。

从图8–4、图8–5和图8–6可知，北京、青海和陕西三个省市在高质量发展的七大维度上，随着指标个数的增加，维度指数得分的不确定性逐渐减小（即每个箱型图的矩形主体逐渐缩小），且维度指数得分的中位数变化趋向于一致。当指标个数在5个以下时，大部分维度的指数得分中位数波动较大，当指标个数维持在6个及以上时，维度的指数得分波动逐渐平缓。因此本书构建的省域高质量发展评价指标体系具有较高的科学性和稳健性。此外，本节也建议专家学者在构建区域发展综合评价指标体系时，在指标数据获取允许的情况下，每个维度内的指标数量应该选取在7个左右，能够有效地保障区域发展评价结果的可靠性和合理性。如果指标数量超过7个过多的情况，可能会出现指标信息冗余的情况。

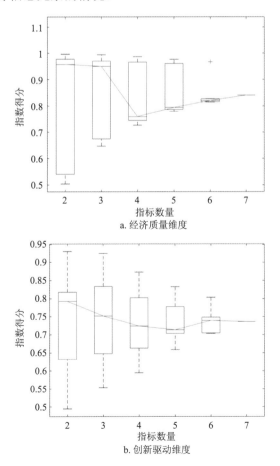

a. 经济质量维度

b. 创新驱动维度

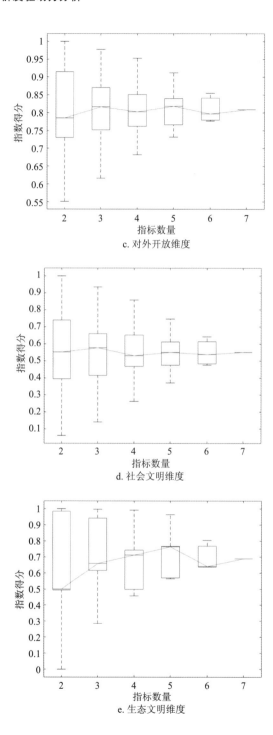

c. 对外开放维度

d. 社会文明维度

e. 生态文明维度

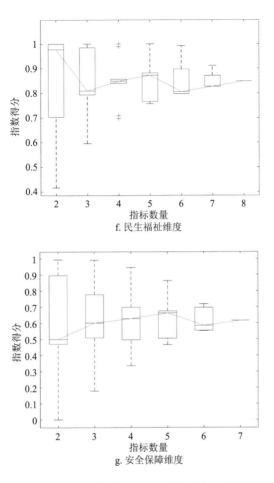

f. 民生福祉维度

g. 安全保障维度

图 8–4　2019 年北京市高质量发展七大维度指标的稳健性检验

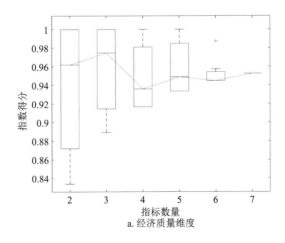

a. 经济质量维度

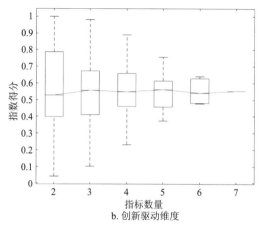

b. 创新驱动维度

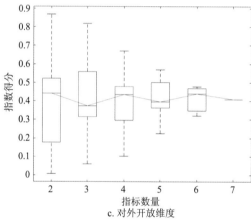

c. 对外开放维度

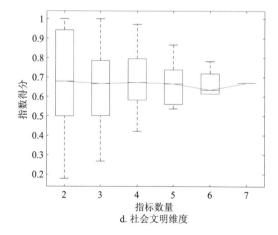

d. 社会文明维度

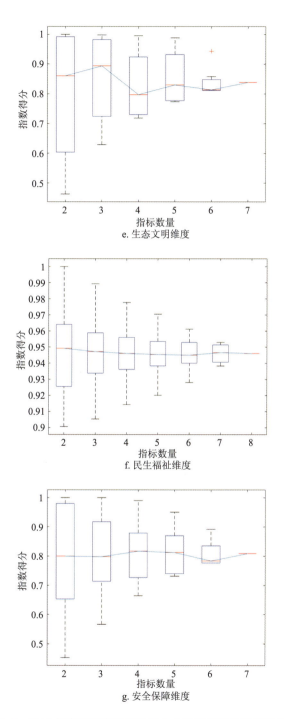

图 8–5 2019 年青海省高质量发展七大维度指标的稳健性检验

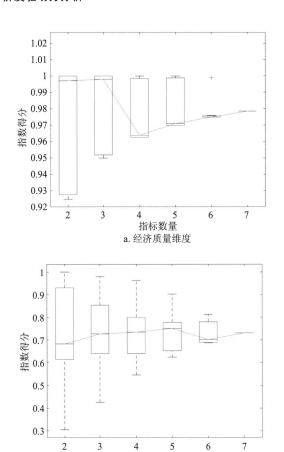

a. 经济质量维度

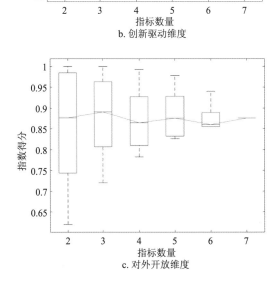

b. 创新驱动维度

c. 对外开放维度

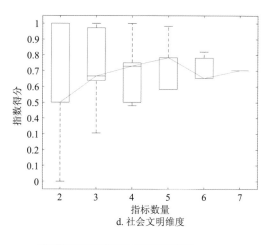

d. 社会文明维度

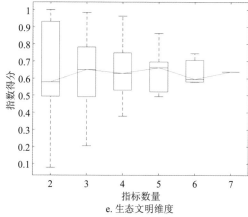

e. 生态文明维度

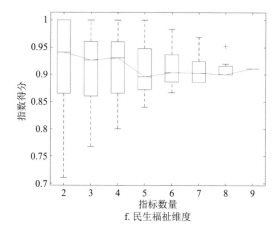

f. 民生福祉维度

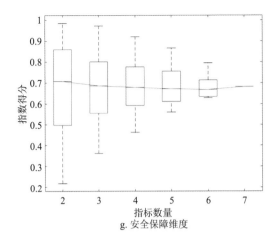

g. 安全保障维度

图 8–6　2019 年陕西省高质量发展七大维度指标的稳健性检验

参 考 文 献

1. 白谨豪、刘儒、刘启农：“基于空间均衡视角的区域高质量发展内涵界定与状态评价——以陕西省为例”，《人文地理》，2020 年第 3 期。

2. 陈军、彭舒、赵学胜等：“顾及地理空间视角的区域 SDGs 综合评估方法与示范”，《测绘学报》，2019 年第 4 期。

3. 陈军、任慧茹、耿雯等：“基于地理信息的可持续发展目标（SDGs）量化评估”，《地理信息世界》，2018 年第 1 期。

4. 陈雯、孙伟、刘崇刚等：“长三角区域一体化与高质量发展”，《经济地理》，2021 年第 10 期。

5. 陈小强、袁丽华、沈石等：“中国及其周边国家间地缘关系解析”，《地理学报》，2019 年第 8 期。

6. 陈小强、袁丽华、宋长青等：“人文地理研究中时间阶段划分的量化工具与应用”，《经济地理》，2021 年第 1 期。

7. 陈晓红、杨立：“基于突变级数法的障碍诊断模型及其在中小企业中的应用”，《系统工程理论与实践》，2013 年第 6 期。

8. 刁尚东、刘云忠、成金华：“广州市生态文明建设评价研究”，《统计与决策》，2013 年第 17 期。

9. 方创琳：“中国新型城镇化高质量发展的规律性与重点方向”，《地理研究》，2019 年第 1 期。

10. 方创琳、刘海猛、罗奎等：“中国人文地理综合区划”，《地理学报》，2017 年第 2 期。

11. 方创琳、王振波、刘海猛：“美丽中国建设的理论基础与评估方案探索”，《地理学报》，2019 年第 4 期。

12. 傅伯杰：“地理学综合研究的途径与方法：格局与过程耦合”，《地理学报》，2014 年第 8 期。

13. 傅伯杰：“地理学：从知识、科学到决策”，《地理学报》，2017 年第 11 期。

14. 高卿、骆华松、王振波等：“美丽中国的研究进展及展望”，《地理科学进展》，2019 年第 7 期。

15. 高珊、黄贤金：“基于绩效评价的区域生态文明指标体系构建——以江苏省为例”，《经济地理》，2010 年第 5 期。

16. 葛全胜、方创琳、江东：“美丽中国建设的地理学使命与人地系统耦合路径”，《地理学报》，2020 年第 6 期。

17. 郭付友、吕晓、于伟等："山东省绿色发展水平绩效评价与驱动机制——基于 17 地市面板数据"，《地理科学》，2020 年第 2 期。

18. 贺灿飞、李伟："区域高质量发展：演化经济地理学视角"，《区域经济评论》，2022 年第 2 期。

19. 洪开荣、浣晓旭、孙倩："中部地区资源—环境—经济—社会协调发展的定量评价与比较分析"，《经济地理》，2013 年第 12 期。

20. 胡兆量："地理学的基本规律"，《人文地理》，1991 年第 1 期。

21. 胡宗义、赵丽可、刘亦文："'美丽中国'评价指标体系的构建与实证"，《统计与决策》，2014 年第 9 期。

22. 黄朝永、顾朝林、甄峰："江苏可持续发展能力评价"，《经济地理》，2000 年第 5 期。

23. 黄海东、庞国伟、李占斌等："黄土高原植被恢复潜力研究"，《地理学报》，2017 年第 5 期。

24. 黄茄莉："国际可持续性评价方法研究进展与趋势"，《生态经济》，2015 年第 1 期。

25. 江东、林刚、付晶莹："'三生空间'统筹的科学基础与优化途径探析"，《自然资源学报》，2021 年第 5 期。

26. 姜彤、王艳君、苏布达等："全球气候变化中的人类活动视角：社会经济情景的演变"，《南京信息工程大学学报》（自然科学版），2020 年第 1 期。

27. 金碚："关于'高质量发展'的经济学研究"，《中国工业经济》，2018 年第 4 期。

28. 金凤君、王成金、李秀伟："中国区域交通优势的甄别方法及应用分析"，《地理学报》，2008 年第 8 期。

29. 柯丽娜、王权明、宫国伟："海岛可持续发展理论及其评价研究"，《资源科学》，2011 年第 7 期。

30. 李炳元："青藏高原的范围"，《地理研究》，1987 年第 3 期。

31. 李经纬、刘志峰、何春阳等："基于人类可持续发展指数的中国 1990—2010 年人类–环境系统可持续性评价"，《自然资源学报》，2015 年第 7 期。

32. 李琳、陈东："贫困地区可持续发展指标体系及其综合评估——以湖南湘西贫困地区为例"，《中国人口·资源与环境》，2004 年第 3 期。

33. 李茜、胡昊、李名升等："中国生态文明综合评价及环境、经济与社会协调发展研究"，《资源科学》，2015 年第 7 期。

34. 李小建、苗长虹："增长极理论分析及选择研究"，《地理研究》，1993 年第 3 期。

35. 李小建、文玉钊、李元征等："黄河流域高质量发展：人地协调与空间协调"，《经济地理》，2020 年第 4 期。

36. 李英海、周建中："基于改进熵权和 Vague 集的多目标防洪调度决策方法"，《水电能源科学》，2010 年第 6 期。

37. 刘继来、刘彦随、李裕瑞："中国'三生空间'分类评价与时空格局分析"，《地理学报》，2017 年第 7 期。

38. 刘庆志、国凤兰："山东省生态文明建设评价指标体系的构建与实证研究"，《生态经济》，2016 年第 10 期。

39. 刘杨、杨建梁、梁媛："中国城市群绿色发展效率评价及均衡特征"，《经济地理》，2019 年第 2 期。
40. 刘志强、王明全、金剑："国内外地域分异理论研究现状及展望"，《土壤与作物》，2017 年第 1 期。
41. 陆大道："关于地理学的'人—地系统'理论研究"，《地理研究》，2002 年第 2 期。
42. 马海涛、徐楦钫："黄河流域城市群高质量发展评估与空间格局分异"，《经济地理》，2020 年第 4 期。
43. 麦麦提吐尔逊·艾则孜、阿吉古丽·马木提、艾尼瓦尔·买买提等："博斯腾湖流域绿洲农田土壤重金属污染及潜在生态风险评价"，《地理学报》，2017 年第 9 期。
44. 毛祺、彭建、刘焱序等："耦合 SOFM 与 SVM 的生态功能分区方法——以鄂尔多斯市为例"，《地理学报》，2019 年第 3 期。
45. 穆学英、刘凯、任建兰："中国绿色生产效率区域差异及空间格局演变"，《地理科学进展》，2017 年第 8 期。
46. 牛衍亮、刘国平、常惠斌："基于 DEA 方法的县城可持续发展评价"，《中国人口·资源与环境》，2015 年第 11 期。
47. 欧阳森、石怡理："改进熵权法及其在电能质量评估中的应用"，《电力系统自动化》，2013 年第 21 期。
48. 清华大学全球可持续发展研究院、世界自然基金会："中国可持续发展目标的地方评价和展望研究报告——基于 2014—2017 年省级数据的测算"，2020 年。
49. 邱云峰、秦其明、曹宝等："基于 GIS 的中国沿海省份可持续发展评价研究"，《中国人口·资源与环境》，2007 年第 2 期。
50. 沈石、宋长青、程昌秀等："GDELT：感知全球社会动态的事件大数据"，《世界地理研究》，2020 年第 1 期。
51. 生态环境部环境规划院、世界自然基金会："2018 中国 SDGs 指标构建及进展评估报告"，2018 年。
52. 宋长青、程昌秀、史培军："新时代地理复杂性的内涵"，《地理学报》，2018 年第 7 期。
53. 宋长青、程昌秀、杨晓帆等："理解地理'耦合'实现地理'集成'"，《地理学报》，2020a 年第 1 期。
54. 宋长青、王琫瑜、孙湘君："内蒙古大青山 DJ 钻孔全新世古植被变化指示"，《植物学报》，1996 年第 7 期。
55. 宋长青、张国友、程昌秀等："论地理学的特性与基本问题"，《地理科学》，2020b 年第 1 期。
56. 孙东琪、刘卫东、陈明星："点—轴系统理论的提出与在我国实践中的应用"，《经济地理》，2016 年第 3 期。
57. 孙久文、蒋治："中国沿海地区高质量发展的路径"，《地理学报》，2021 年第 2 期。
58. 孙新章："中国参与 2030 年可持续发展议程的战略思考"，《中国人口·资源与环境》，2016 年第 1 期。
59. 檀菲菲、陆兆华："基于 NLPCA-GSO 可持续发展评价——以环渤海区域为例"，《生态学报》，

2016 年第 8 期。

60. 王安周、耿秀丽、张桂宾：“基于生态足迹和 R/S 分析的河南省可持续发展评价”，《地域研究与开发》，2009 年第 2 期。

61. 王缉慈：“增长极概念、理论及战略探究”，《经济科学》，1989 年第 3 期。

62. 王金南、蒋洪强、张惠远等：“迈向美丽中国的生态文明建设战略框架设计”，《环境保护》，2012 年第 23 期。

63. 王亮、刘慧：“基于 PS-DR-DP 理论模型的区域资源环境承载力综合评价”，《地理学报》，2019 年第 2 期。

64. 王伟、王成金：“东北地区高质量发展评价及其空间特征”，《地理科学》，2020 年第 11 期。

65. 王翔宇、高培超、宋长青等：“不同尺度下城市用地扩张与经济增长的脱钩关系——以山东省为例”，《经济地理》，2021a 年第 3 期。

66. 王翔宇、高培超、宋长青等：“区域高质量发展的内涵与评价体系探索——以青藏高原县域单元为例”，《北京师范大学学报》（自然科学版），2022 年第 2 期。

67. 王翔宇、王元慧、高培超等：“'可持续社会指数'的研究综述与展望”，《地球科学进展》，2021b 年第 3 期。

68. 魏守华、王缉慈、赵雅沁：“产业集群：新型区域经济发展理论”，《经济经纬》，2002 年第 2 期。

69. 魏伟、石培基、周俊菊等：“基于 GIS 的石羊河流域可持续发展能力评估”，《地域研究与开发》，2014 年第 6 期。

70. 魏修建、杨镒泽、吴刚：“中国省际高质量发展的测度与评价”，《统计与决策》，2020 年第 13 期。

71. 吴传钧：《人地关系与经济布局》，北京：学苑出版社，1998 年。

72. 吴传钧：“论地理学的研究核心——人地关系地域系统”，《经济地理》，1991 年第 3 期。

73. 吴文盛：“美丽中国理论研究综述：内涵解析、思想渊源与评价理论”，《当代经济管理》，2019 年第 12 期。

74. 习近平：《习近平谈治国理政》（第三卷），北京：外文出版社，2020 年。

75. 谢炳庚、陈永林、李晓青：“基于生态位理论的'美丽中国'评价体系”，《经济地理》，2015 年第 12 期。

76. 谢炳庚、陈永林、李晓青：“耦合协调模型在'美丽中国'建设评价中的运用”，《经济地理》，2016 年第 7 期。

77. 谢炳庚、向云波：“美丽中国建设水平评价指标体系构建与应用”，《经济地理》，2017 年第 4 期。

78. 熊曦：“基于 DPSIR 模型的国家级生态文明先行示范区生态文明建设分析评价——以湘江源头为例”，《生态学报》，2020 年第 14 期。

79. 徐辉、师诺、武玲玲等：“黄河流域高质量发展水平测度及其时空演变”，《资源科学》，2020 年第 1 期。

80. 徐磊、陶金源、张孟楠等：“基于多源数据的环京津贫困带县域产业承接潜力测度及分区优化”，

《地理与地理信息科学》，2021 年第 2 期。

81. 杨宇、李小云、董雯等："中国人地关系综合评价的理论模型与实证"，《地理学报》，2019 年第 6 期。

82. 杨志荣、史培军、方修琦："大青山调角海子地区 11ka B.P.以来的植被与生态环境演化"，《植物生态学报》，1997 年第 6 期。

83. 叶艳妹、林耀奔、刘书畅等："山水林田湖草生态修复工程的社会—生态系统（SES）分析框架及应用——以浙江省钱塘江源头区域为例"，《生态学报》，2019 年第 23 期。

84. 易昌良：《中国高质量发展指数报告》，北京：研究出版社，2020 年。

85. 张旭、魏福丽、袁旭梅："中国省域高质量绿色发展水平评价与演化"，《经济地理》，2020 年第 2 期。

86. 张镱锂、李炳元、刘林山等："再论青藏高原范围"，《地理研究》，2021 年第 6 期。

87. 张镱锂、李炳元、郑度："论青藏高原范围与面积"，《地理研究》，2002 年第 1 期。

88. 张镱锂、李炳元、郑度："《论青藏高原范围与面积》一文数据的发表——青藏高原范围界限与面积地理信息系统数据"，《地理学报》，2014 年第 S01 期。

89. 张正栋："珠江河口地区可持续发展评价研究"，《地理科学》，2005 年第 1 期。

90. 赵宏波、马延吉、苗长虹："基于熵值—突变级数法的国家战略经济区环境承载力综合评价及障碍因子——以长吉图开发开放先导区为例"，《地理科学》，2015 年第 12 期。

91. 郑度："关于地理学的区域性和地域分异研究"，《地理研究》，1998 年第 1 期。

92. 钟水映、冯英杰："中国省际间绿色发展福利测量与评价"，《中国人口·资源与环境》，2017 年第 9 期。

93. 周惠成、张改红、王国利："基于熵权的水库防洪调度多目标决策方法及应用"，《水利学报》，2007 年第 1 期。

94. 朱婧、孙新章、何正："SDGs 框架下中国可持续发展评价指标研究"，《中国人口·资源与环境》，2018 年第 12 期。

95. Abdel-Basset, M., R. Mohamed 2020. A novel plithogenic TOPSIS-CRITIC model for sustainable supply chain risk management. *Journal of Cleaner Production*, Vol. 247, p. 119586.

96. Antwi, H. A., L. Zhou, X. Xu, *et al.* 2021. Progressing towards environmental health targets in China: An integrative review of achievements in air and water pollution under the "ecological civilisation and the beautiful China" dream. *Sustainability*, Vol. 13, No. 7, p. 3664.

97. Bai, Y., C. P. Wong, B. Jiang, *et al*. 2018. Developing China's Ecological Redline Policy using ecosystem services assessments for land use planning. *Nature Communncations*, Vol. 9, No. 1, p. 3034.

98. Bettencourt, L. M. A., J. Kaur 2011. Evolution and structure of sustainability science. *Proceedings of the National Academy of Sciences*, Vol. 108, No. 49, pp. 19540-19545.

99. Chen, P. 2019a. Effects of normalization on the entropy-based TOPSIS method. *Expert Systems with*

Applications, Vol. 136, pp. 33-41.

100. Chen, P. 2019b. On the diversity-based weighting method for risk assessment and decision-making about natural hazards. *Entropy*, Vol. 21, No. 3, pp. 269-281.

101. Chen, J., Y. Ban, S. Li 2014. Open access to Earth land-cover map. *Nature*, Vol. 514, p. 434.

102. Chen, X., X. Liu, D. Hu 2015. Assessment of sustainable development: A case study of Wuhan as a pilot city in China. *Ecological Indicators*, Vol. 50, pp. 206-214.

103. Chen, Y., W. Tian, Q. Zhou, *et al.* 2021. Spatiotemporal and driving forces of Ecological Carrying Capacity for high-quality development of 286 cities in China. *Journal of Cleaner Production*, Vol. 293, p. 126186.

104. Cheng, X., R. Long, H. Chen 2018. Obstacle diagnosis of green competition promotion: A case study of provinces in China based on catastrophe progression and fuzzy rough set methods. *Environmental Science and Pollution Research*, Vol. 25, No. 5, pp. 4344-4360.

105. Cook, D., N. M. Saviolidis, B. Davíðsdóttir, *et al.* 2017. Measuring countries' environmental sustainability performance—The development of a nation-specific indicator set. *Ecological Indicators*, Vol. 74, pp. 463-478.

106. Costanza, R., L. Daly, L. Fioramonti, *et al.* 2016. Modelling and measuring sustainable wellbeing in connection with the UN Sustainable Development Goals. *Ecological Economics*, Vol. 130, pp. 350-355.

107. Cushman, S. A. 2015. Calculating the configurational entropy of a landscape mosaic. *Landscape Ecology*, Vol. 31, No. 3, pp. 481-489.

108. Cushman, S. A. 2018. Calculation of configurational entropy in complex landscapes. *Entropy*, Vol. 20, No. 4, p. 298.

109. Da Silva, L., M. P. D. Prietto, P. E. Korf 2019. Sustainability indicators for urban solid waste management in large and medium-sized worldwide cities. *Journal of Cleaner Production*, Vol. 237, p. 117802.

110. Diakoulaki, D., G. Mavrotas, L. Papayannakis 1995. Determining objective weights in multiple criteria problems. *Computers & Operations Research*, Vol. 22, No. 7, pp. 763-770.

111. Diaz-Sarachaga, J. M., D. Jato-Espino, D. Castro-Fresno 2018. Is the Sustainable Development Goals (SDG) index an adequate framework to measure the progress of the 2030 Agenda? *Sustainable Development*, Vol. 26, No. 6, pp. 663-671.

112. Ding, Y., Y. Fu, K. Lai, *et al.* 2017. Using ranked weights and acceptability analysis to construct composite indicators: A case study of regional Sustainable Society Index. *Social Indicators Research*, Vol. 139, No. 3, pp. 871-885.

113. Estoque, R. C. 2020. A review of the sustainability concept and the state of SDG monitoring using

remote sensing. *Remote Sensing*, Vol. 12, No. 11, p. 1770.

114. Fan, Y., C. Fang 2020. Evolution process and obstacle factors of ecological security in western China, a case study of Qinghai province. *Ecological Indicators*, Vol. 117, p. 106659.

115. Fang, C., Z. Wang, H. Liu 2020. Beautiful China Initiative: Human-nature harmony theory, evaluation index system and application. *Journal of Geographical Sciences*, Vol. 30, No. 5, pp. 691-704.

116. Fei, D., Q. Cheng, X. Mao, *et al.* 2017. Land use zoning using a coupled gridding-self-organizing feature maps method: A case study in China. *Journal of Cleaner Production*, Vol. 161, pp. 1162-1170.

117. Feng, C., M. Wang, G. Liu, *et al.* 2017. Green development performance and its influencing factors: A global perspective. *Journal of Cleaner Production*, Vol. 144, pp. 323-333.

118. Foody, G. M. 2003. Geographical weighting as a further refinement to regression modelling: An example focused on the NDVI–rainfall relationship. *Remote Sensing of Environment*, Vol. 88, No. 3, pp. 283-293.

119. Gan, X., I. C. Fernandez, J. Guo, *et al.* 2017. When to use what: Methods for weighting and aggregating sustainability indicators. *Ecological Indicators*, Vol. 81, pp. 491-502.

120. Gao, P., Z. Li 2019. Aggregation-based method for computing absolute Boltzmann entropy of landscape gradient with full thermodynamic consistency. *Landscape Ecology*, Vol. 34, No. 8, pp. 1837-1847.

121. Gao, P., Z. Liu, M. Xie, *et al.* 2015. CRG index: A more sensitive Ht-Index for enabling dynamic views of geographic features. *The Professional Geographer*, Vol. 68, No. 4, pp. 533-545.

122. Gao, J., C. Shao, S. Chen, *et al.* 2021. Spatiotemporal evolution of sustainable development of China's provinces: A modelling approach. *Ecosystem Health and Sustainability*, Vol. 7, No. 1, p. 1965034.

123. Gao, P., X. Wang, H. Wang, *et al.* 2020. Viewpoint: A correction to the entropy weight coefficient method by Shen et al. for accessing urban sustainability [Cities 42 (2015) 186–194]. *Cities*, Vol. 103, p. 102742.

124. Geissdoerfer, M., P. Savaget, N. M. P. Bocken, *et al.* 2017. The Circular Economy–A new sustainability paradigm? *Journal of Cleaner Production*, Vol. 143, pp. 757-768.

125. González, E., A. Carcaba, J. Ventura 2018. Weight constrained DEA measurement of the quality of life in Spanish municipalities in 2011. *Social Indicators Research*, Vol. 136, No. 3, pp. 1157-1182.

126. Govindan, K., R. Khodaverdi, A. Jafarian 2013. A fuzzy multi criteria approach for measuring sustainability performance of a supplier based on triple bottom line approach. *Journal of Cleaner Production*, Vol. 47, pp. 345-354.

127. Grimm, E. C. 1987. CONISS: A FORTRAN 77 program for stratigraphically constrained cluster

analysis by the method of incremental sum of squares. *Computers & Geosciences*, Vol. 13, No. 1, pp. 13-35.

128. Gulseven, O. 2020. Measuring achievements towards SDG 14, *life below water*, in the United Arab Emirates. *Marine Policy*, Vol. 117, p. 103972.

129. Guo, H., C. Yang, X. Liu, *et al.* 2018. Simulation evaluation of urban low-carbon competitiveness of cities within Wuhan city circle in China. *Sustainable Cities and Society*, Vol. 42, pp. 688-701.

130. Hák T., S. Janoušková, B. Moldan 2016. Sustainable Development Goals: A need for relevant indicators. *Ecological Indicators*, Vol. 60, pp. 565-573.

131. Hamby, D. M. 1994. A review of techniques for parameter sensitivity analysis of environmental models. *Environmental Monitoring and Assessment*, Vol. 32, pp. 135-154.

132. Hatefi, S. M., S. A. Torabi 2010. A common weight MCDA–DEA approach to construct composite indicators. *Ecological Economics*, Vol. 70, No. 1, pp. 114-120.

133. He, C., Q. Han, B. De Vries, *et al.* 2017. Evaluation of sustainable land management in urban area: A case study of Shanghai, China. *Ecological Indicators*, Vol. 80, pp. 106-113.

134. He, Y., Z. Jiao, J. Yang 2018. Comprehensive evaluation of global clean energy development index based on the improved entropy method. *Ecological Indicators*, Vol. 88, pp. 305-321.

135. Hsieh, C. 2011. Issues in evaluating importance weighting in quality of life measures. *Social Indicators Research*, Vol. 110, No. 2, pp. 681-693.

136. Hu, W., J. Tian, L. Chen 2021. An industrial structure adjustment model to facilitate high-quality development of an eco-industrial park. *Science of Total Environment*, Vol. 766, p. 142502.

137. Huan, Y., T. Liang, H. Li, *et al.* 2021. A systematic method for assessing progress of achieving sustainable development goals: A case study of 15 countries. *Science of the Total Environment*, Vol. 752, p. 141875.

138. Huang, X., X. Huang, Y. He, *et al.* 2017. Assessment of livelihood vulnerability of land-lost farmers in urban fringes: A case study of Xi'an, China. *Habitat International*, Vol. 59, pp. 1-9.

139. Huang, L., J. Wu, L. Yan 2015. Defining and measuring urban sustainability: A review of indicators. *Landscape Ecology*, Vol. 30, No. 7, pp. 1175-1193.

140. Huang, L., L. Yan, J. Wu 2016. Assessing urban sustainability of Chinese megacities: 35 years after the economic reform and open-door policy. *Landscape and Urban Planning*, Vol. 145, pp. 57-70.

141. International Union for Conservation of Nature and Natural Resources. 1980. *World Conservation Strategy: Living Resource Conservation for Sustainable Development*. Gland: IUCN–UNEP–WWF.

142. Jiang, B. 2013. Head/Tail breaks: A new classification scheme for data with a heavy-tailed distribution. *The Professional Geographer*, Vol. 65, No. 3, pp. 482-494.

143. Jiang, L., Q. Zuo, J. Ma, *et al.* 2021. Evaluation and prediction of the level of high-quality

development: A case study of the Yellow River Basin, China. *Ecological Indicators*, Vol. 129, p. 107994.

144. Jing, Z. R., J. M. Wang 2020. Sustainable development evaluation of the society–economy–environment in a resource-based city of China: A complex network approach. *Journal of Cleaner Production*, Vol. 263, p. 121510.

145. Joint Research Centre-European Commission. 2008. *Handbook on Constructing Composite Indicators: Methodology and User Guide*. Paris: OECD Publishing.

146. Kaivo-Oja, J., J. Panula-Ontto, J. Vehmas, *et al.* 2013. Relationships of the dimensions of sustainability as measured by the sustainable society index framework. *International Journal of Sustainable Development & World Ecology*, Vol. 21, No. 1, pp. 39-45.

147. Kohonen, T. 1997. Exploration of very large databases by self-organizing maps, *Proceedings of International Conference on Neural Networks (ICNN'97)*. Vol. 1, pp. PL1-PL6.

148. Lawn, P. A. 2003. A theoretical foundation to support the Index of Sustainable Economic Welfare (ISEW), Genuine Progress Indicator (GPI), and other related indexes. *Ecological Economics*, Vol. 44, No. 1, pp. 105-118.

149. Li, M., H. Liu, G. Geng, *et al.* 2017a. Anthropogenic emission inventories in China: A review. *National Science Review*, Vol. 4, No. 6, pp. 834-866.

150. Li, F., X. S. Liu, D. Hu, *et al.* 2009. Measurement indicators and an evaluation approach for assessing urban sustainable development: A case study for China's Jining City. *Landscape and Urban Planning*, Vol. 90, No. 3-4, pp. 134-142.

151. Li, W., Y. Xi, S. Liu, *et al.* 2020. An improved evaluation framework for industrial green development: Considering the underlying conditions. *Ecological Indicators*, Vol. 112, p. 106044.

152. Li, Z., T. Yang, C.-S. Huang, *et al.* 2018. An improved approach for water quality evaluation: TOPSIS-based informative weighting and ranking (TIWR) approach. *Ecological Indicators*, Vol. 89, pp. 356-364.

153. Li, X., Y. Yang, Y. Liu 2017b. Research progress in man-land relationship evolution and its resource-environment base in China. *Journal of Geographical Sciences*, Vol. 27, No. 8, pp. 899-924.

154. Liu, S., J. Bai, J. Chen 2019a. Measuring SDG 15 at the county scale: Localization and practice of SDGs indicators based on geospatial information. *ISPRS International Journal of Geo-Information*, Vol. 8, No. 11, pp. 515-541.

155. Liu, Z., M. Ding, C. He, *et al.* 2019b. The impairment of environmental sustainability due to rapid urbanization in the dryland region of northern China. *Landscape and Urban Planning*, Vol. 187, pp. 165-180.

156. Liu, S., L. Ma, Y. Yao, *et al.* 2022. Man-land relationship based on the spatial coupling of population

and residential land – A case study of Yuzhong County in Longzhong Loess Hilly Region, China. *Land Use Policy*, Vol. 116, p. 106059.

157. Long, X., X. Ji 2019. Economic growth quality, environmental sustainability, and social welfare in China - Provincial assessment based on genuine progress indicator (GPI). *Ecological Economics*, Vol. 159, pp. 157-176.

158. Lu, X., S. Ke 2018. Evaluating the effectiveness of sustainable urban land use in China from the perspective of sustainable urbanization. *Habitat International*, Vol. 77, pp. 90-98.

159. Lusseau, D., F. Mancini 2019. Income-based variation in Sustainable Development Goal interaction networks. *Nature Sustainability*, Vol. 2, No. 3, pp. 242-247.

160. Luzzati, T., G. Gucciardi 2015. A non-simplistic approach to composite indicators and rankings: an illustration by comparing the sustainability of the EU Countries. *Ecological Economics*, Vol. 113, pp. 25-38.

161. Messerli B., M. Grosjean, T. Hofer, *et al.* 2000. From nature-dominated to human-dominated environmental changes. *Quaternary Science Reviews*, Vol. 19, No. 1-5, pp. 459-479.

162. Miola, A., F. Schiltz 2019. Measuring sustainable development goals performance: How to monitor policy action in the 2030 Agenda implementation? *Ecological Economics*, Vol. 164, p. 106373.

163. Mitcham, C. 1995. The concept of sustainable development: Its origins and ambivalence. *Technology in Society*, Vol. 17, No. 3, pp. 311-326.

164. Nardo, M., M. Saisana, A. Saltelli, *et al.* 2005. Tools for composite indicators building. Ispra, Italy: Joint Research Centre of the European Commission.

165. Neumayer, E. 2001. The human development index and sustainability–a constructive proposal. *Ecological Economics*, Vol. 39, No. 1, pp. 101-114.

166. Ng, Y. K. 2007. Environmentally responsible happy nation index: Towards an internationally acceptable national success indicator. *Social Indicators Research*, Vol. 85, No. 3, pp. 425-446.

167. Ostrom, E. 2009. A general framework for analyzing sustainability of social-ecological systems. *Science*, Vol. 325, No. 5939, pp. 419-422.

168. Pan, W., J. Wang, Z. Lu, *et al.* 2021. High-quality development in China: Measurement system, spatial pattern, and improvement paths. *Habitat International*, Vol. 118, p. 102458.

169. Parr, J. B. 1999a. Growth-pole strategies in regional economic planning: A retrospective view: Part 1. Origins and advocacy. *Urban Studies*, Vol. 36, No. 7, pp. 1195-1215.

170. Parr, J. B. 1999b. Growth-pole strategies in regional economic planning: A retrospective view: Part 2. Implementation and outcome. *Urban Studies*, Vol. 36, No. 8, pp. 1247-1268.

171. Peng, J., X. Hu, S. Qiu, *et al.* 2019. Multifunctional landscapes identification and associated development zoning in mountainous area. *Science of the Total Environment*, Vol. 660, pp. 765-775.

172. Perroux, F. 1950. Economic space: Theory and applications. *The Quarterly Journal of Economics*, Vol. 64, No. 1, pp. 89-104.

173. Pradhan, P., L. Costa, D. Rybski, *et al.* 2017. A systematic study of sustainable development goal (SDG) interactions. *Earth's Future*, Vol. 5, No. 11, pp. 1169-1179.

174. Purvis, B., Y. Mao, D. Robinson 2018. Three pillars of sustainability: In search of conceptual origins. *Sustainability Science*, Vol. 14, No. 3, pp. 681-695.

175. Qu, W., W. Shi, J. Zhang, *et al.* 2020. T21 China 2050: A tool for national sustainable development planning. *Geography and Sustainability*, Vol. 1, No. 1, pp. 33-46.

176. Rogge, N. 2018. On aggregating Benefit of the Doubt composite indicators. *European Journal of Operational Research*, Vol. 264, No. 1, pp. 364-369.

177. Sachs, J. D. 2012. From millennium development goals to sustinable development goals. *The Lancet*, Vol. 379, No. 9832, pp. 2206-2211.

178. Sachs, J. D., G. Schmidt-Traub, C. Kroll, *et al.* 2018. *SDG Index and Dashboards Report 2018*. New York: Bertelsmann Stiftung and Sustainable Development Solutions Network (SDSN).

179. Sachs, J. D., G. Schmidt-Traub, C. Kroll, *et al.* 2019. *Sustainable Development Report 2019*. New York: Bertelsmann Stiftung and Sustainable Development Solutions Network (SDSN).

180. Schlossarek, M., M. Syrovátka, O. Vencálek 2019. The importance of variables in composite indices: A contribution to the methodology and application to development indices. *Social Indicators Research*, Vol. 145, No. 3, pp. 1125-1160.

181. Schmidt-Traub, G., C. Kroll, K. Teksoz, *et al.* 2017. National baselines for the Sustainable Development Goals assessed in the SDG Index and Dashboards. *Nature Geoscience*, Vol. 10, No. 8, pp. 547-555.

182. Shan, Y., D. Guan, H. Zheng, *et al.* 2018. China CO_2 emission accounts 1997-2015. *Scientific Data*, Vol. 5, No. 1, pp. 1-14.

183. Shan, Y., Q. Huang, D. Guan, *et al.* 2020. China CO_2 emission accounts 2016-2017. *Scientific Data*, Vol. 7, No. 1, pp. 54-62.

184. Shannon, C. E. 1948. The mathematical theory of communication. *The Bell System Technical Journal*, Vol. 27, No. 3, pp. 379-423.

185. Shen, L., J. Zhou 2014. Examining the effectiveness of indicators for guiding sustainable urbanization in China. *Habitat International*, Vol. 44, pp. 111-120.

186. Shen L., J. Zhou, M. Skitmore, *et al.* 2015. Application of a hybrid Entropy–McKinsey Matrix method in evaluating sustainable urbanization: A China case study. *Cities*, Vol. 42, Part B, pp. 186-194.

187. Simon, J. 2019 Sustainable development in the European Union: Monitoring report on progress

towards the SDGs in an EU context. Brussels: Statistical Office of the European Union.

188. Smith, L. M., J. L. Case, H. M. Smith, *et al.* 2013. Relating ecosystem services to domains of human well-being: Foundation for a U.S. index. *Ecological Indicators*, Vol. 28, pp. 79-90.

189. Sun, L., C. Miao, L. Yang 2017. Ecological-economic efficiency evaluation of green technology innovation in strategic emerging industries based on entropy weighted TOPSIS method. *Ecological Indicators*, Vol. 73, pp. 554-558.

190. Sun, Y., J. Niu 2019. Regionalization of daily soil moisture dynamics using wavelet-based multiscale entropy and Principal Component Analysis. *Entropy*, Vol. 21, No. 6, p. 548.

191. Sun, Y., T. Zhao, L. Xia 2022. Spatial-temporal differentiation of carbon efficiency and coupling coordination degree of Chinese county territory and obstacles analysis. *Sustainable Cities and Society*, Vol. 76, p. 103429.

192. Tan, Y., L. Jiao, C. Shuai, *et al.* 2018. A system dynamics model for simulating urban sustainability performance: A China case study. *Journal of Cleaner Production*, Vol. 199, pp. 1107-1115.

193. Tao, Y., F. Li, J. Crittenden, *et al.* 2019. Measuring urban environmental sustainability performance in China: A multi-scale comparison among different cities, urban clusters, and geographic regions. *Cities*, Vol. 94, pp. 200-210.

194. Tian, N., S. Tang, A. Che, et al. 2020. Measuring regional transport sustainability using super-efficiency SBM-DEA with weighting preference. *Journal of Cleaner Production*, Vol. 242, p. 118474.

195. Tobler, W. R. 1970. A computer movie simulating rrban growth in the detroit region. *Economic Geography*, Vol. 46, No. sup1, pp. 234-240.

196. Tobler, W. R. 2004. On the first law of geography: A reply. *Annals of the Association of American Geographers*, Vol. 94, No. 2, pp. 304-310.

197. United Nations. United Nations Millennium Declaration. https://www.un.org/en/development/desa/population/migration/generalassembly/docs/globalcompact/A_RES_55_2.pdf, 2000-9-18.

198. United Nations. 2007. Indicators of Sustainable Development: Guidelines and Methodologies. New York: United Commission of Sustainable Development.

199. United Nations. Transforming our world: the 2030 Agenda for Sustainable Development. https://documents-dds-ny.un.org/doc/UNDOC/GEN/N15/291/89/PDF/N1529189.pdf?OpenElement, 2015-10-21.

200. United Nations. The Sustainable Development Goals Report 2018. https://unstats.un.org/sdgs/files/report/2018/TheSustainableDevelopmentGoalsReport2018-EN.pdf, 2018-6-20.

201. UN Statistics Division. Tier classification for global SDG indicators. https://unstats.un.org/sdgs/iaeg-sdgs/, 2020-3-30.

202. Van de Kerk, G., A. R. Manuel 2008. A comprehensive index for a sustainable society: The SSI — the Sustainable Society Index. *Ecological Economics*, Vol. 66, No. 2-3, pp. 228-242.

203. Van de Kerk, G., A. R. Manuel 2012. *Sustainable Society Index 2012*. Netherlands: Sustainable Society Foundation.

204. Verma, P., A. S. Raghubanshi 2018. Urban sustainability indicators: Challenges and opportunities. *Ecological Indicators*, Vol. 93, pp. 282-291.

205. Wang, T., Y. Fu 2019. Constructing composite indicators with individual judgements and Best–Worst method: An illustration of value measure. *Social Indicators Research*, Vol. 149, No. 1, pp. 1-14.

206. Wang, X., P. Gao, C. Song, *et al.* 2020a. Use of entropy in developing SDG-based indices for assessing regional sustainable development: A provincial case study of China. *Entropy*, Vol. 22, No. 4, pp. 406-420.

207. Wang, D., Y. Shi, K. Wan 2020b. Integrated evaluation of the carrying capacities of mineral resource-based cities considering synergy between subsystems. *Ecological Indicators*, Vol. 108, p. 105701.

208. Wang, X., C. Song, C. Cheng, *et al.* 2021. Cross-national perspectives on using Sustainable Development Goals (SDGs) indicators for monitoring sustainable development: A database and analysis. *Chinese Geographical Science*, Vol. 31, No. 4, pp. 600-610.

209. Wang, Y., C. Song, G. Sigley, *et al.* 2020d. Using social networks to analyze the spatiotemporal patterns of the rolling stock manufacturing industry for countries in the Belt and Road Initiative. *ISPRS International Journal of Geo-Information*, Vol. 9, No. 7, p. 431.

210. Wang, Q., Z. Xu, Q. Yuan, *et al.* 2020c. Evaluation and countermeasures of sustainable development for urban energy-economy-environment system: A case study of Jinan in China. *Sustainable Development*, Vol. 28, No. 6, pp. 1663-1677.

211. Witulski, N., J. G. Dias 2020. The Sustainable Society Index: Its reliability and validity. *Ecological Indicators*, Vol. 114, p. 106190.

212. World Commission on Environment and Development. 1987. *Report of the World Commission on Environment and Development: Our Common Future*. Oxford: Oxford University Press.

213. Wu, S., Y. Fu, H. Shen, *et al.* 2018. Using ranked weights and Shannon entropy to modify regional sustainable society index. *Sustainable Cities and Society*, Vol. 41, pp. 443-448.

214. Wu, H., Y. Li, Y. Hao, *et al.* 2020. Environmental decentralization, local government competition, and regional green development: Evidence from China. *Science of the Total Environment*, Vol. 708, p. 135085.

215. Xu, Z., S. N. Chau, X. Chen, *et al.* 2020a. Assessing progress towards sustainable development over space and time. *Nature*, Vol. 577, No. 7788, pp. 74-78.

216. Xu, X., D. Zhang, Y. Zhang, *et al.* 2020b. Evaluating the vegetation restoration potential achievement of ecological projects: A case study of Yan'an, China. *Land Use Policy*, Vol. 90, p. 104293.

217. Xu, X., D. Zhang 2021. Comparing the long-term effects of artificial and natural vegetation restoration strategies. *Land Degradation & Development*, Vol. 32, No.14, pp. 3930-3945.

218. Yan, Y., C. Wang, Y. Quan, *et al.* 2018. Urban sustainable development efficiency towards the balance between nature and human well-being: Connotation, measurement, and assessment. *Journal of Cleaner Production*, Vol. 178, pp. 67-75.

219. Yang, B., T. Xu, L. Shi 2017. Analysis on sustainable urban development levels and trends in China's cities. *Journal of Cleaner Production*, Vol. 141, pp. 868-880.

220. Yang, C., W. Zeng, X. Yang 2020. Coupling coordination evaluation and sustainable development pattern of geo-ecological environment and urbanization in Chongqing municipality, China. *Sustainable Cities and Society*, Vol. 61, p. 102271.

221. Yu, L., X. Hou, M. Gao, *et al.* 2010. Assessment of coastal zone sustainable development: A case study of Yantai, China. *Ecological Indicators*, Vol. 10, No. 6, pp. 1218-1225.

222. Yuan, J., L. Zhang, Y. Tan, *et al.* 2020. Evaluating the regional social sustainability contribution of public-private partnerships in China: The development of an indicator system. *Sustainable Development*, Vol. 28, No. 1, pp. 259-278.

223. Zardari, N. H., K. Ahmed, S. M. Shirazi, *et al.* 2015. *Weighting Methods and Their Effects on Multi-Criteria Decision Making Model Outcomes in Water Resources Management*. Cham: Springer.

224. Zeeman, E. C. 1976. Catastrophe theory. *Scientific American*, Vol. 234, No. 4, pp. 65-83.

225. Zhang, L., Q. Huang, C. He, *et al.* 2021. Assessing the dynamics of sustainability for social-ecological systems based on the adaptive cycle framework: A case study in the Beijing-Tianjin-Hebei urban agglomeration. *Sustainable Cities and Society*, Vol. 70, p. 102899.

226. Zhang, W., X. Xu, X. Chen 2017. Social vulnerability assessment of earthquake disaster based on the catastrophe progression method: A Sichuan Province case study. *International Journal of Disaster Risk Reduction*, Vol. 24, pp. 361-372.

227. Zhang, D., X. Xu, S. Yao, *et al.* 2020. A novel similar habitat potential model based on sliding-window technique for vegetation restoration potential mapping. *Land Degradation & Development*, Vol. 31, No. 6, pp. 760-772.

228. Zhao, J., G. Ji, Y. Tian, *et al.* 2018. Environmental vulnerability assessment for mainland China based on entropy method. *Ecological Indicators*, Vol. 91, pp. 410-422.

229. Zhao, J., J. Jin, J. Zhu, *et al.* 2016. Water resources risk assessment model based on the subjective and objective combination weighting methods. *Water Resources Management*, Vol. 30, No. 9, pp. 3027-3042.

230. Zheng, B., D. Tong, M. Li, *et al*. 2018. Trends in China's anthropogenic emissions since 2010 as the consequence of clean air actions. *Atmospheric Chemistry and Physics*, Vol. 18, No. 19, pp. 14095-14111.

231. Zhou, J., L. Shen, X. Song, *et al*. 2015a. Selection and modeling sustainable urbanization indicators: A responsibility-based method. *Ecological Indicators*, Vol. 56, pp. 87-95.

232. Zhou, J., X. Zhang, L. Shen 2015b. Urbanization bubble: Four quadrants measurement model. *Cities*, Vol. 46, pp. 8-15.

后　记

出版专著，写个前言是少不了的，但我更愿意写后记！在我看来，前言主要是介绍著作本身，更多是从学术、学科的视角进行介绍，而后记，更多是抒发作者本身的情怀，可能与为人处事有关，可能与学术认知有关，更多的是与撰写专著过程的心境有关。

近年来，出版机构林立丛生、门槛高低不同、出版的作品无数，而传世之作不多。在我看来，专著可分为几类。一是思想性专著，能够启发同行思维，具有时代特色的理念，能够推动学科发展的深层次进步。本人于 2022 年出版的《地理学要义》便属于该类型的专著，其中梳理了地理学本质，从要素、空间、尺度、界面等方面归纳了地理耦合思维方式，总结了地理学研究范式。二是实践性专著，能够为社会经济活动提供科学的方法。本书即是从区域高质量发展的需求出发，探讨区域发展质量的状态、潜力的评价方法。三是前沿性专著，能够提供学科发展的新思维、新方法和新技术。本人力图近期完成《复杂地理系统理论与解析》一书，其目的是从复杂系统思维的视角，理解地理现象的综合表征与演化过程。四是资料总结性专著，能够从已有的资料中发掘内在的规律。本人出版的《土壤科学 30 年：从经典到前沿》《土壤学若干前沿领域研究进展》即属此类。一个人的精力有限，想做的事很多，所完成的专著难免存在不足，但本人的态度是认真的，如果有幸得到您的关注，在此表示感谢，也恳请您的包容。

区域发展研究是地理学者关注的传统命题，许多地理学家从区域发展的状态、资源支撑、对外关联的视角开展了大量的研究，探讨区域发展的状态与成因。同样区域发展又是多个学科关注的综合命题，区域经济学、管理学等学科均从不同的视角开展研究。本书提出的区域高质量发展概念，同样与地理学者长期关注的区域可持续发展存在概念与内涵上的模糊。在此，有必要进行简单的解释。

区域高质量发展是一个全新的概念，在各行业无限倡导高质量发展的状态下，加以"区域"发生了本质的变化，其本质命题是如何在追求多行业高质量发展的背景下，通过协调区域内资源、权衡多方面发展质量，实现区域整体发展质量的提升。实际上，区域高质量发展是各地区在未来发展过程中无法回避的问题。本书提出的"区域高质量发展"具有如下特别的内涵：

第一，核心是区域发展质量评价。从区域最优发展目标的需求出发，建立量纲型指标评价，理解区域不同指标的表现水平，同时构建多层综合指数评价，理解区域不同维度和区域整体的表现水平。

第二，构建自然本底与人文现状评价体系。从区域自然本底特征出发，构建区域自然状态的纵向评价标准体系。更进一步，顾及人文发展现状，构建区域综合发展水平的横向评价标准体系。

第三，构建区域多尺度评价指标体系。区域发展质量评价对象必将针对不同的等级行政单元和自然区域，由于区域大小的不同，影响其发展的核心要素也不相同，为此，构建针对不同尺度区域的评价指标是实现客观评价的关键。

第四，实现发展质量状态和潜力的客观分析。区域发展质量评价的目的是探讨改善发展水平，提升发展能力的途径，通过区域发展质量综合表现和指标的结构分析，能够客观理解区域发展存在的障碍，发掘区域发展的动力，可为区域发展质量优化提供有力的依据。

最后，衷心感谢商务印书馆这一百年老店，她聚集了一批优秀、敬业的编辑出版人才，特别要感谢李平、李娟、苏娴、姚雯等同仁，他们仔细的工作态度、严谨的学术思想，对本书的顺利出版起到了重要的推动作用，同时，对于他们为地理学发展所做出的贡献表达深深敬意。

宋长青

2023 年 2 月 5 日